PILZE

PILZE

TEXT: RENATE ZOLLNER
FOTOS: KLAUS-MARIA EINWANGER

INHALT

Pilze sind meine Leidenschaft

Pilze sind von klein auf meine Leidenschaft. Als Kind habe ich es geliebt, im Sommer und Herbst mit meinem Vater in den Wald zu gehen und Pilze zu sammeln. In der Oberpfalz wuchsen die Schwammerl ja quasi vor unserer Haustür. Stolz trug ich mein eigenes Körbchen, und die besten Fundstellen hüteten mein Vater und ich als unser Geheimnis. Für die Verarbeitung unserer »Beute« war meine Mutter zuständig. Ihre saure Schwammerlbrühe mit Semmelknödeln gehört noch heute zu meinen Lieblingsgerichten: Nicht nur, weil sie unübertroffen gut schmeckt, sondern auch, weil ich mit ihr viele schöne Kindheitserinnerungen verbinde.

Damals konnte ich noch nicht ahnen, dass sich in meinem Berufsleben einmal alles um Pilze drehen würde. Seit vielen Jahren handeln meine Familie und ich nun schon mit Schwammerln; unser Stand auf dem Münchner Viktualienmarkt ist eine Anlaufstelle für Pilzfans aus der ganzen Umgebung geworden. Ich kann mir keinen schöneren Beruf vorstellen: Jahr für Jahr spür ich Ende April ein Kribbeln, weil ich es kaum erwarten kann, dass mit den ersten Spitzmorcheln die Saison wieder losgeht. Und dann ist es schön mitzuerleben, wie die Auswahl von Woche zu Woche größer wird: Pfifferlinge, Steinpilze und immer mehr Waldpilze – bis man schließlich im Spätsommer und Herbst aus dem Vollen schöpfen und die ganze duftende Pilzvielfalt genießen kann.

Natürlich bin ich auch eine passionierte Pilzköchin: Traditionelle Klassiker und regionale Spezialitäten liebe ich genauso wie exotische Eintöpfe oder Asia-Gerichte. Und manchmal sind es auch die ganz simplen Dinge, an denen ich die größte Freude habe: ein kräftiges Bauernbrot mit gebratenem Milchbrätling, ein Rührei mit Pfifferlingen oder eine Pilzpfanne, nur gewürzt mit Salz, Pfeffer, Zitronensaft und Petersilie. Aber andererseits gibt es so viel Köstliches zu entdecken, dass man sich nicht nur auf den »puren« Pilzgenuss beschränken und seiner Fantasie freien Lauf lassen sollte. Ich würde mich freuen, wenn ich Sie mit meiner Begeisterung anstecken kann, und dieses Kochbuch Ihnen als Fundgrube für neue Lieblingsrezepte und Inspirationsquelle für eigene Kreationen dient.

Mittlerweile gibt es das ganze Jahr über hochwertige Zuchtpilze, sodass dem Genuss zeitlich keine Grenzen mehr gesetzt sind. Der Höhepunkt ist und bleibt aber die Pilzsaison! Mit meinen Rezepten möchte ich Sie einladen, diese Zeit besonders intensiv zu genießen und das vielfältige Angebot ausgiebig zu nutzen. Die Pilze in den Rezepten können Sie natürlich ganz nach Marktlage und Sammelausbeute austauschen oder kombinieren. Oft habe ich in einem Tipp schon einen Vorschlag dazu gemacht.

Viel Spaß beim Kochen und Genießen!

Die edlen Wilden

Die Pilzsaison beginnt im Frühjahr bereits mit einem Highlight: Dann gibt es Spitzmorcheln, die mit ihren großen, hohlen Fruchtkörpern ideal zum Füllen sind. Spitzmorcheln gelten nicht nur bei Sammlern als Delikatesse: Frisch oder getrocknet geben sie vor allem Saucen ein besonders feines Aroma. Den Rang als »Könige der Waldpilze« müssen sie jedoch den Steinpilzen überlassen. Die festfleischigen Röhrlinge schmecken leicht nussig und sind in der Küche wahre Allrounder: Sie eignen sich zum Braten, Grillen und Einlegen und verfeinern Ragouts, Saucen und Eintöpfe. Junge Steinpilze kann man roh verzehren und z. B. hauchdünn als Carpaccio aufschneiden. Das Trio der begehrtesten Waldpilze komplettieren die Herbsttrompeten (Totentrompeten), die gern auch als »Trüffel des kleinen Mannes« bezeichnet werden. Die schwärzlich grauen Pilze stehen bei Feinschmeckern vor allem getrocknet hoch im Kurs: Dann können sie ihr Aroma am besten entfalten.

Pfifferlinge und Co.

Weil sie leicht zu erkennen sind, gelten Pfifferlinge (Reherl, Eierschwämmchen) unter Sammlern als »Pilze für Anfänger«. Sie zählen zu den beliebtesten Speisepilzen, obwohl sie schwer verdaulich sind. Frische Pfifferlinge sind fest und dottergelb, sie schmecken würzig und leicht pfeffrig. Mit ihrem kräftigen Aroma passen sie hervorragend zu Nudeln, Knödeln und Fleisch (Wild). Mild, fast schon obstartig im Geschmack sind dagegen Maronen (Maronenröhrlinge, Braunkappen), die zu den typischen Herbstpilzen gehören. Sie finden vor allem in Suppen und Saucen Verwendung und eignen sich bestens zum Trocknen. Das gilt auch für Semmelstoppelpilze, die sich frisch vor allem mit Pfifferlingen gut kombinieren lassen. Schon wegen ihres Aussehens ist die blumenkohlartig gewachsene Fette Henne (Krause Glucke) eine Attraktion. Das Putzen des Pilzes ist aufwendig – dafür entschädigt aber der würzige, leicht nussige Geschmack.

Feine Zuchtpilze

Weltweit ist der Champignon der Zuchtpilz Nummer eins. Es gibt ihn in vielen Farben und Formen: Am beliebtesten sind hierzulande die milden weißen Champignons, Kenner bevorzugen allerdings die braunen (auch Egerlinge oder Steinchampignons genannt), die mehr Aroma haben. Frische Champignons erkennt man an ihrem festen Fleisch und ihren geschlossenen Hüten. Ganzjährig sind mittlerweile auch Austernpilze erhältlich, die auf Strohballen gezüchtet werden. Anders als Champignons kann man die muschelförmigen, bräunlichen Pilze nicht roh verzehren. Sie werden auch »Kalbfleischpilze« genannt, weil sie gegrillt, gebraten oder paniert am besten schmecken. Als relativ junge Züchtung erfreuen sich Kräuterseitlinge immer größerer Beliebtheit: Sie sind mit Austernpilzen verwandt, obwohl ihre festfleischigen Hüte und Stiele eher an Steinpilze erinnern. Ähnlich wie diese haben sie ein würzig-nussiges Aroma, weshalb sie von Pilzliebhabern sehr geschätzt werden.

Favoriten aus Fernost

Seit Jahren liegen Shiitake-Pilze bei uns im Trend. Die aus Japan stammenden Zuchtpilze haben festeres Fleisch als Champignons und sind sehr würzig im Geschmack. Sie gehören nicht nur in viele Asia-Gerichte, sondern machen auch im Risotto oder Ragout eine gute Figur. Ihre zähen Stiele müssen vor der Zubereitung unbedingt entfernt werden! Ähnlich wie Shiitake- werden auch Enoki-Pilze in Japan als Heilmittel angesehen. Man setzt sie z. B. ein, um das Immunsystem zu stärken. Die filigranen Enoki-Pilze schmecken süßlich mild; ebenso wie Shiitake-Pilze kann man sie auch roh für Salate verwenden. Für die ostasiatische Küche unverzichtbar sind Mu-Err-Pilze, die man bei uns als Judasohren ganzjährig sammeln kann. Die Zucht von Mu-Err-Pilzen hat in China eine lange Tradition. In Wasser eingeweicht, nehmen die Pilze wieder ihre ursprüngliche Größe an und verfeinern Suppen, Nudel- und Reisgerichte.

Aufbewahren und putzen

Pilze sind sehr empfindlich und lieben es luftig, Plastiktüten oder luftdichte Behälter sind daher nicht das Richtige für sie. Am besten bewahrt man sie in einem Körbchen oder in einer Papiertüte auf: So halten sie sich 1 bis 2 Tage im Kühlschrank. Bei den meisten Pilzen – vor allem Zuchtpilzen – reicht es, sie vor der Zubereitung mit Küchenpapier trocken abzureiben oder mit einem Pinsel zu säubern. Mit einem kleinen Küchenmesser werden schadhafte Stellen entfernt und trockene Stielansätze abgeschnitten. Nur in Ausnahmefällen (Fette Henne, Spitzmorcheln) sollten Pilze gewaschen werden. Sie nehmen dabei unnötig viel Feuchtigkeit auf, die sie später beim Braten wieder abgeben und dann auslaugen. Stark verschmutzten Pfifferlingen kann man ein Mehlbad gönnen: Dafür 2 EL Mehl mit dem Schneebesen unter 2 l Wasser rühren und die Pilze darin waschen. Das Mehl bindet den Schmutz – allerdings müssen die Pfifferlinge danach auf Küchenpapier gut abtropfen.

Starke Hitze, bitte!

Bei der Zubereitung kann man Pilzen ordentlich einheizen. Durch scharfes Anbraten wird verhindert, dass die Pilze Wasser ziehen, in dem sie dann eher dünsten und eine wabbelige Konsistenz bekommen. Außerdem sollte man eine möglichst große Pfanne verwenden, damit die Pilze gleichmäßig garen können. Ganz wichtig: Pilze erst nach dem Braten salzen, denn Salz zieht Flüssigkeit! Unverzichtbar in der Pilzküche ist Zitronensaft. Die feine Säure unterstreicht das Pilzaroma und sorgt für zusätzliche Frische. Vergessen kann man übrigens die alte Küchenregel, wonach Pilzgerichte nicht aufgewärmt werden dürfen. Sie stammt aus einer Zeit, in der es noch keine Kühlschränke gab und das Essen bei Zimmertemperatur aufbewahrt wurde. Heute können Sie zubereitete Pilze am nächsten Tag unbesorgt ein zweites Mal genießen, wenn Sie sie in einem nichtmetallischen Gefäß in den Kühlschrank stellen und dann wieder gut erhitzen.

Einfrieren und trocknen

Wer mehr Pilze hat, als er zubereiten kann, kann sie einlegen (siehe Seite 32 und 35) oder frisch geputzt einfrieren. Dafür eignen sich vor allem junge, feste Pilze (keine Pfifferlinge!). Die gefrorenen Pilze bei Bedarf nicht auftauen, sondern direkt in die heiße Pfanne oder Brühe geben – so bleibt das Aroma besser erhalten. Man kann überschüssige Pilze aber auch selbst trocknen: Aromatische, festfleischige Pilze wie Steinpilze oder Herbsttrompeten sind dafür geradezu prädestiniert. Zum Trocknen gibt es spezielle Dörröfen, es funktioniert aber auch im Backofen (gut 2 Std. bei 50° Umluft). Wichtig ist, dass die Pilze (geputzt und in Scheiben geschnitten) rundum »Luft« bekommen und die Backofentür leicht geöffnet ist, damit die Feuchtigkeit entweichen kann. Trockenpilze müssen »rascheltrocken« sein, sonst schimmeln sie. Die abgekühlten Pilze bewahrt man in Schraubgläsern auf. Kleinere Pilzmengen kann man auch auffädeln und an einem luftigen, warmen Ort zum Trocknen aufhängen.

Pilze als feine Würze

Getrocknete Waldpilze können frische zwar nicht ersetzen, sie sind aber ein prima Aromaspender. Außerhalb der Saison kann man z. B. Gerichte, die mit Zuchtpilzen zubereitet werden, mit eingeweichten Trockenpilzen aufpeppen. Dabei wird meist die Einweichflüssigkeit mit verwendet (siehe Seite 77). Besonders intensiv im Geschmack ist Pilzpulver, das man leicht aus getrockneten Pilzen herstellen kann. Zum Mahlen eignen sich ein Blitzhacker oder Pürierstab ebenso gut wie eine gereinigte Kaffeemühle. Wichtig: Die Pilze müssen vor dem Mahlen absolut trocken sein. Besonders feinaromatische Sorten wie Steinpilze oder Herbsttrompeten sollte man solo zu Würzpulver verarbeiten. Ansonsten kann man ganz nach Geschmack gemischte Pulver herstellen (Waldpilzpulver, siehe Seite 152). Für feinen Pilzgeschmack in Suppen und Saucen sorgt Pilzsalz, eine Mischung aus Meersalz und getrockneten Pilzen oder Pilzpulver.

SALATE & KALTE VORSPEISEN

Spargelsalat mit Morcheln

KULINARISCHE FRÜHJAHRSBOTEN IM DUETT

Für 4 Personen:
100 g junger Feldsalat
100 g Löwenzahn
4 EL Aceto balsamico
1 TL Honig
1 TL Dijon-Senf
5 EL Distelöl
Salz | Pfeffer
je 12 Stangen weißer und grüner Spargel
200 g Spitzmorcheln
3 EL Olivenöl
Zubereitung: ca. 40 Min.
Pro Portion: ca. 230 kcal, 4 g EW, 21 g F, 7 g KH

1 Feldsalat und Löwenzahn verlesen, waschen, trocken schleudern und auf Teller verteilen. Für das Dressing den Essig mit Honig und Senf verrühren. Nach und nach das Distelöl unterschlagen und das Dressing mit Salz und Pfeffer würzen.

2 Den weißen Spargel schälen, den grünen Spargel waschen und nur im unteren Drittel schälen. Die holzigen Enden abschneiden und die Spargelstangen schräg in 2–3 cm lange Stücke schneiden.

3 Die Spitzmorcheln unter fließendem kaltem Wasser gründlich waschen und auf Küchenpapier abtropfen lassen. Nach Belieben längs halbieren oder in Ringe schneiden.

4 Das Olivenöl in einer großen Pfanne erhitzen und die Spargelstücke darin bei mittlerer Hitze 4–5 Min. braten, dabei die Pfanne ab und zu schwenken. Die Morcheln dazugeben und weitere 2–3 Min. mitbraten. Mit Salz und Pfeffer würzen.

5 Den Spargel und die Morcheln auf dem Salat anrichten und mit dem Dressing beträufeln.

Tipp **Noch edler und frühlingsfrisch wird der Salat, wenn Sie ihn mit essbaren Blüten wie Gänseblümchen oder Kapuzinerkresseblüten garnieren. Als Topping eignen sich auch geröstete Pistazien- oder Pinienkerne. Morcheln und Spargel sind überhaupt ein Dream-Team: Gedünsteten Spargel mit Sauce hollandaise können Sie z. B. ganz leicht veredeln, indem sie ihn mit gebratenen Spitzmorcheln anrichten.**

Rucolasalat mit Steinpilzen

MEDITERRANES FÜR GÄSTE

Für 4 Personen:
4 Bund Rucola
4 EL Aceto balsamico
1 EL frisch gepresster Zitronensaft
1 TL Dijon-Senf
5 EL Olivenöl
Salz | Pfeffer
Zucker
4 EL Pinienkerne
12 Steinpilze (ca. 180 g)
2 EL Öl
40 g Parmesan (am Stück)
Zubereitung: ca. 30 Min.
Pro Portion: ca. 300 kcal, 9 g EW, 27 g F, 6 g KH

1 Den Rucola verlesen, waschen und trocken schleudern. Grobe Stiele entfernen und die Rucolablätter nach Belieben klein schneiden oder zupfen. Für das Dressing den Essig mit Zitronensaft und Senf verrühren. Nach und nach das Olivenöl unterschlagen und das Dressing mit Salz, Pfeffer und 1 Prise Zucker würzen.

2 Die Pinienkerne in einer beschichteten Pfanne ohne Fett goldbraun rösten und beiseitestellen.

3 Die Steinpilze putzen, trocken abreiben und längs in ca. 1 cm dicke Scheiben schneiden. Das Öl in einer großen Pfanne erhitzen und die Pilzscheiben darin bei starker Hitze auf jeder Seite ca. 2 Min. braten. Mit Salz und Pfeffer würzen.

4 Den Rucola auf Teller verteilen und mit dem Dressing beträufeln. Die Pinienkerne und die gebratenen Steinpilze auf dem Salat anrichten. Zuletzt den Parmesan mit dem Sparschäler in groben Spänen darüberhobeln. Mit knusprigem Baguette oder Ciabattabrot servieren.

Tipp Wer es gern deftiger mag, kann den Salat statt mit Pinienkernen mit kross gebratenen Baconstreifen bestreuen. Oder bereiten Sie als ein besonderes Extra für Gäste knusprige Käsechips zu: Dafür 70 g frisch geriebenen Parmesan und 2 EL Mandelstifte mischen. Die Käsemischung in kleinen Häufchen mit etwas Abstand auf ein mit Backpapier ausgelegtes Backblech setzen und zu ca. 5 cm großen Kreisen verstreichen. Im auf 180° vorgeheizten Backofen (Mitte) in ca. 6 Min. zu goldbraunen Chips backen und abkühlen lassen. Wenn Sie die Käsechips zu dem Salat reichen, sollten Sie auf die frischen Parmesanspäne verzichten.

Brotsalat mit Asia-Pilzen

BELIEBTER KLASSIKER IN NEUEM OUTFIT

Für 4 Personen:
12 Scheiben Baguette (vom Vortag)
250 g Cocktailtomaten
200 g Austernpilze
je 100 g Shiitake- und Enoki-Pilze
2 EL Öl
1–2 TL Sojasauce
Pfeffer
100 g Naturjoghurt
2 EL Mayonnaise
1 Knoblauchzehe
20 g frisch geriebener Parmesan
Salz
einige Stängel Basilikum
einige Zweige Thymian
Zubereitung: ca. 35 Min.
Pro Portion: ca. 320 kcal, 11 g EW, 13 g F, 41 g KH

1 Den Backofen auf 220° vorheizen. Die Baguettescheiben auf dem Rost im vorgeheizten Ofen (Mitte) in ca. 8 Min. goldbraun rösten und in Streifen oder grobe Würfel schneiden. Die Brote müssen gut durchgeröstet sein, damit sie später im Salat nicht aufweichen.

2 Die Cocktailtomaten waschen und halbieren. Die Pilze putzen und trocken abreiben. Die Strünke der Austernpilze abschneiden, die Stiele der Shiitake-Pilze herausdrehen. Alle Pilze in Streifen oder Stücke schneiden. Das Öl in einer großen Pfanne erhitzen und die Pilze darin bei starker Hitze ca. 5 Min. braten. Mit Sojasauce und Pfeffer kräftig würzen.

3 Für das Dressing den Joghurt und die Mayonnaise verrühren. Den Knoblauch schälen, durch die Presse dazudrücken und unterrühren. Den Parmesan untermischen und das Dressing mit Salz und Pfeffer abschmecken.

4 Die Kräuter abbrausen, trocken schütteln und die Blätter abzupfen. Den Thymian fein hacken. Cocktailtomaten, Pilze, Brotwürfel und Basilikumblätter in einer Schüssel mit dem Dressing mischen. Den Brotsalat mit dem Thymian bestreuen und sofort servieren.

Variante Wer den Brotsalat ganz klassisch auf mediterrane Art zubereiten möchte, ersetzt die Shiitake- und Enoki-Pilze durch Champignons und Pfifferlinge und würzt die gebratenen Pilze nicht mit Sojasauce, sondern mit Salz und Pfeffer. Für das Dressing dann 2 EL Rotweinessig mit 4 EL Zitronensaft, 1 EL Honig und 1 durchgepressten Knoblauchzehe verrühren. Nach und nach 6 EL Olivenöl unterschlagen und das Dressing mit Salz und Pfeffer würzen. Die Brotwürfel mit den Pilzen und den Cocktailtomaten mischen, nach Belieben noch Frühlingszwiebelringe und 1 Handvoll Basilikumblätter dazugeben. Den Brotsalat mit dem Dressing mischen und zum Servieren mit Parmesanspänen bestreuen.

Tomaten-Mozzarella-Salat mit Pilzen

MIT BESTEN GRÜSSEN AUS DER ITALIENISCHEN KÜCHE

Für 4 Personen:
je 250 g Pfifferlinge und Steinpilze
1 Zwiebel
1 Knoblauchzehe
1 Bund Rucola
je ½ Bund Basilikum, Petersilie und Kerbel
4 Zweige Thymian
4 EL Olivenöl
5 EL Aceto balsamico
1 TL Trüffelöl (siehe Tipp)
Salz | Pfeffer
4 Tomaten
200 g Mozzarella
Zubereitung: ca. 40 Min.
Pro Portion: ca. 290 kcal, 16 g EW, 22 g F, 7 g KH

1 Die Pilze putzen und trocken abreiben, kleine Pilze ganz lassen, größere in Stücke schneiden. Die Zwiebel und den Knoblauch schälen und fein würfeln. Den Rucola verlesen, waschen und trocken schütteln. Grobe Stiele entfernen und die Rucolablätter klein schneiden oder zupfen. Die Kräuter abbrausen und trocken schütteln, die Blätter abzupfen und ebenfalls fein hacken.

2 In einer großen Pfanne 2 EL Olivenöl erhitzen und die Pilze darin scharf anbraten. Die Zwiebel und den Knoblauch hinzufügen und kurz mitbraten. Mit dem Essig ablöschen und etwas einköcheln lassen. Die gehackten Kräuter untermischen. Die Pilze mit dem restlichen Olivenöl und dem Trüffelöl beträufeln, mit Salz und Pfeffer abschmecken. Die Pfanne vom Herd nehmen und die Pilze kurz abkühlen lassen.

3 Die Tomaten waschen, vierteln und entkernen, dabei die Stielansätze entfernen. Das Tomatenfruchtfleisch in kleine Würfel schneiden. Den Mozzarella abtropfen lassen und ebenfalls würfeln. Die Pilze in einer Schüssel mit den Tomaten und dem Mozzarella mischen und nach Belieben mit geröstetem Baguette oder Knoblauchbrot servieren.

Tipp Trüffelöl kann man ganz leicht selbst machen: Dafür 20 g schwarze Trüffel trocken bürsten und auf dem Trüffelhobel in hauchdünne Scheiben hobeln. Die Trüffelscheiben in eine sterilisierte Flasche geben und mit ½ l sehr gutem mildem Olivenöl auffüllen. Die Flasche gut verschließen und das Öl an einem kühlen, dunklen Ort aufbewahren. Es ist nach 3 Wochen gebrauchsfertig und kann ca. 1 Jahr aufbewahrt werden.

Lauwarmer Kartoffelsalat mit Steinpilzen

DIE PERFEKTE KOMBINATION FÜR GENIESSER

Für 4 Personen:
600 g kleine festkochende Kartoffeln
Salz
1 Zwiebel
180 ml Gemüsefond
1 TL Fenchelsamen
6 EL Apfelessig
1 TL mittelscharfer Senf
90 ml Öl
weißer Pfeffer | Zucker
400 g Steinpilze
1 Bund Petersilie
Zubereitung: ca. 40 Min.
Marinieren: 30 Min.
Pro Portion: ca. 330 kcal, 8 g EW, 23 g F, 20 g KH

1 Die Kartoffeln waschen und mit Schale in Salzwasser in ca. 20 Min. weich garen. Inzwischen für die Marinade die Zwiebel schälen und fein würfeln. Den Fond in einem kleinen Topf erhitzen, Zwiebelwürfel und Fenchelsamen hinzufügen und 2 Min. ziehen lassen. Essig, Senf und 70 ml Öl verrühren und unter den heißen Sud mischen.

2 Die Kartoffeln abgießen, noch heiß pellen und in dünne Scheiben schneiden. Die Marinade über die Kartoffelscheiben gießen und vorsichtig untermischen, mit Salz, Pfeffer und 1 Prise Zucker würzen. Den Kartoffelsalat 30 Min. durchziehen lassen, dabei häufiger umrühren.

3 Die Steinpilze putzen, trocken abreiben und längs in ca. 1 cm dicke Scheiben schneiden. Die Petersilie abbrausen und trocken schütteln, die Blätter abzupfen und fein hacken.

4 Das restliche Öl in einer großen Pfanne erhitzen und und die Pilzscheiben darin bei starker Hitze auf jeder Seite ca. 2 Min. braten. Mit Salz und Pfeffer würzen. Die gebratenen Steinpilze und die Petersilie kurz vor dem Servieren unter den lauwarmen Kartoffelsalat mischen.

Tipp Ganz nach Geschmack und Saison können Sie den Kartoffelsalat auch mit gebratenen Pfifferlingen zubereiten und die Petersilie durch fein geschnittenen Bärlauch ersetzen.

Pilzsalat mit Paprika

KUNTERBUNT UND FEINSÄUERLICH

Für 4 Personen:
je 150 g Steinpilze, Pfifferlinge, Champignons, Egerlinge und Austernpilze
je 1 kleine gelbe, rote und grüne Paprikaschote
½ Bund Frühlingszwiebeln
200 g Cocktailtomaten | 2 EL gehackte Petersilie
je 4 EL Apfelessig und Olivenöl
Salz | Pfeffer | Zucker
Zubereitung: ca. 30 Min.
Abkühlen: 30 Min.
Pro Portion: ca. 160 kcal, 8 g EW, 11 g F, 6 g KH

1 Die Pilze putzen und trocken abreiben, die Strünke der Austernpilze abschneiden. Die Pilze in kochendem Wasser in ca. 10 Min. garen. Herausheben, kalt abschrecken, abtropfen und 30 Min. abkühlen lassen.

2 Inzwischen die Paprikaschoten längs halbieren, entkernen und waschen. Die Paprikahälften in kleine Würfel schneiden. Die Frühlingszwiebeln putzen, waschen und in feine Ringe schneiden. Die Cocktailtomaten waschen und vierteln.

3 Die abgekühlten Pilze mit Paprikawürfeln, Frühlingszwiebeln, Cocktailtomaten und Petersilie mischen. Den Essig mit Olivenöl, Salz, Pfeffer und 1 Prise Zucker zu einem Dressing verrühren. Das Dressing über den Pilzsalat träufeln und untermischen.

Tipp Für dieses Rezept sollten Sie möglichst kleine Pilze verwenden – mit ganzen Pilzen sieht der Salat dekorativer aus. Anstatt die Pilze in Wasser zu garen, kann man sie auch bei starker Hitze in 2–3 EL Öl braten, abkühlen lassen und dann mit den anderen Salatzutaten mischen.

Steinpilz-Carpaccio

LÄSST FEINSCHMECKER SCHWÄRMEN

Für 4 Personen:
2 Knoblauchzehen | 4 Zweige Thymian
1 kleines Bund Kerbel | Meersalz
1 TL Dijon-Senf | 4–5 EL Rotweinessig
7 EL Traubenkernöl | Salz | Pfeffer
1 Handvoll Friséesalat
600 g junge Steinpilze (mit hellgrünem Futter)
Zubereitung: ca. 35 Min.
Pro Portion: ca. 210 kcal, 9 g EW, 18 g F, 3 g KH

1 Den Knoblauch schälen und fein würfeln. Die Kräuter abbrausen, trocken schütteln und die Blätter abzupfen. Die Kräuterblätter mit dem Knoblauch und etwas Meersalz im Mörser fein zerreiben. Senf und Essig unterrühren. Zuletzt nach und nach unter ständigem Rühren das Traubenkernöl dazugießen, bis ein glattes Dressing entstanden ist. Das Dressing mit Salz und Pfeffer abschmecken.

2 Den Friséesalat putzen, waschen, trocken schleudern und grob zerpflücken. Die Steinpilze putzen, trocken abreiben und mit einem scharfen Messer längs in möglichst dünne Scheiben schneiden. Die Pilzscheiben portionsweise auf Tellern oder auf einer großen Servierplatte fächerförmig auslegen und mit dem Dressing beträufeln. Das Steinpilz-Carpaccio mit dem Friséesalat garnieren und nach Belieben mit knusprigem Ciabatta- oder Walnussbrot servieren.

Tipp Eine Delikatesse ist ein Carpaccio von Kaiserlingen (man benötigt 12 kleine Kaiserlinge). Geschlossene Pilze pellen, geöffnete putzen und trocken abreiben. Die Hüte längs in dünne Scheiben schneiden, in 2 EL Butter auf beiden Seiten anbraten. Anrichten, mit Salz und Pfeffer würzen.

Rindercarpaccio mit Kräuterseitlingen

WENN ES ETWAS BESONDERES SEIN SOLL

Für 4 Personen:
300–400 g Kräuterseitlinge
5 EL Olivenöl
Salz | Pfeffer
200 ml Aceto balsamico
2 EL Zucker
300 g sehr frisches Rinderfilet (in hauchdünnen Scheiben)
einige Spritzer Zitronensaft
200 g Rucola
40 g Parmesan (am Stück)
Zubereitung: ca. 30 Min.
Pro Portion: ca. 365 kcal, 25 g EW, 18 g F, 22 g KH

1 Die Kräuterseitlinge putzen, trocken abreiben und in grobe Stücke schneiden. In einer großen Pfanne 2 EL Olivenöl erhitzen und die Pilze darin bei starker Hitze ca. 5 Min. braten. Mit Salz und Pfeffer würzen und beiseitestellen.

2 In einem kleinen Topf den Essig mit dem Zucker bei mittlerer Hitze so lange einkochen lassen, bis die Flüssigkeit zur Hälfte verdampft ist. Den Topf vom Herd nehmen und das restliche Olivenöl unter die Balsamico-Reduktion rühren. Mit Salz und Pfeffer abschmecken.

3 Die Rinderfiletscheiben portionsweise auf Tellern oder auf einer großen Servierplatte leicht überlappend auslegen. Mit Zitronensaft beträufeln und mit Salz und Pfeffer würzen.

4 Den Rucola verlesen, waschen und trocken schleudern. Grobe Stiele entfernen und die Rucolablätter nach Belieben klein schneiden oder zupfen. Den Rucola mit den gebratenen Pilzen auf dem Rindercarpaccio anrichten und mit der Balsamico-Reduktion beträufeln. Den Parmesan mit dem Sparschäler in groben Spänen darüberhobeln.

Tipp Für dieses Rezept kann man statt Kräuterseitlingen auch Pfifferlinge oder Austernpilze verwenden. Wenn Sie das Rinderfilet nur am Stück bekommen, gibt es einen einfachen Trick, wie man es leichter hauchdünn aufschneiden kann: Das Fleisch zuerst in Frischhaltefolie und dann fest in Alufolie einwickeln und im Gefrierfach ca. 1 Std. anfrieren lassen. Dann aus den Folien wickeln und in möglichst feine Scheiben schneiden. Die Filetscheiben auslegen und kurz antauen lassen.

Pilzbutter

MEHR ALS NUR EIN BROTAUFSTRICH

Für 8 Personen:
300 g gemischte Waldpilze (z. B. Steinpilze, Pfifferlinge, Herbsttrompeten)
1 Schalotte | 1 Bund Petersilie
320 g Butter
Salz | Pfeffer
Zubereitung: ca. 40 Min.
Kühlen: ca. 1 Std.
Pro Portion: ca. 310 kcal, 2 g EW, 33 g F, 1 g KH

1 Die Pilze putzen, trocken abreiben und klein schneiden. Die Schalotte schälen und fein würfeln. Die Petersilie abbrausen und trocken schütteln, die Blätter abzupfen und fein hacken.

2 In einer großen Pfanne 2 EL Butter zerlassen und die Schalotte darin andünsten. Die Pilze hinzufügen und 5 Min. mitbraten, bis die Flüssigkeit, die aus den Pilzen austritt, vollständig verdampft ist. Die Petersilie unterrühren. Mit Salz und Pfeffer kräftig würzen und aus der Pfanne nehmen.

3 Die restliche Butter in der Pfanne bei schwacher Hitze zerlassen. Unter die Pilze mischen und mit dem Stabmixer fein pürieren. Die Buttermasse salzen, in kleine Tassen oder Portionsförmchen füllen und in ca. 1 Std. im Kühlschrank fest werden lassen.

Tipp Servieren Sie die Pilzbutter als Brotaufstrich oder aromatische Würze zu Pellkartoffeln. Die Butter gibt auch kurz gebratenem Rindfleisch oder gegrillter Hähnchenbrust eine raffinierte Note. Mit Waldpilzen zubereitet, schmeckt sie besonders aromatisch – man kann aber auch Egerlinge, Champignons und Kräuterseitlinge verwenden. Die Butter zum Aufbewahren in Pergamentpapier wickeln und im Kühlschrank lagern.

Pilzdip mit Eiern

ZUM DAHINSCHMELZEN GUT

Für 4 Personen:
400 g kleine Egerlinge
1 kleine Zwiebel
je ½ Bund Petersilie, Basilikum, Minze und Schnittlauch
je 100 g Naturjoghurt und Mayonnaise
50 g Sahne
4 hart gekochte Eier
Salz | Pfeffer
einige Spritzer Zitronensaft
Zubereitung: ca. 30 Min.
Pro Portion: ca. 300 kcal, 11 g EW, 27 g F, 4 g KH

1 Die Egerlinge putzen, trocken abreiben und längs in möglichst dünne Scheiben schneiden (das geht am besten auf dem Gemüsehobel). Die Zwiebel schälen und fein würfeln. Die Kräuter ab-brausen und trocken schütteln, die Blätter abzupfen und fein hacken. Den Schnittlauch in feine Röllchen schneiden.

2 In einer Schüssel den Joghurt mit der Mayonnaise und der Sahne verrühren. Die Eier pellen, mit einer Gabel zerdrücken und untermischen.

3 Die Zwiebelwürfel und die Kräuter zu der Mayonnaise-Joghurt-Mischung geben und alles zu einer glatten Masse verrühren. Die Pilze dazugeben und unterheben. Den Dip mit Salz, Pfeffer und Zitronensaft abschmecken.

Tipp Der Pilzdip schmeckt sehr gut auf Weißbrot zu sommerlichen Salaten. Er passt aber auch perfekt zu Ofenkartoffeln oder Gemüsesticks und ist eine leckere Füllung für Pfannkuchen.

PILZBUTTER

PILZDIP MIT EIERN

Marinierte Steinpilze

HOCHGENUSS AUF VORRAT

Für 10 Einmachgläser
(à 300 ml Inhalt)
2 kg kleine, feste Steinpilze
8 Knoblauchzehen
3 Zweige Rosmarin
4 Zweige Thymian
½ Bund Petersilie
400 ml Weißweinessig
600 ml trockener Weißwein
150 g Waldhonig
4 TL Salz
ca. 20 schwarze Pfefferkörner
ca. ½ l Olivenöl zum Aufgießen
Zubereitung: ca. 40 Min.
Abkühlen: 1 Std.
Marinieren: 2–3 Tage
Pro Glas: ca. 605 kcal,
11 g EW, 51 g F, 16 g KH

1 Die Steinpilze putzen und trocken abreiben. Den Knoblauch schälen. Die Kräuter abbrausen und trocken schütteln.

2 In einem großen Topf ½ l Wasser mit Essig, Wein, Honig, Salz, Knoblauch und Pfefferkörnern zum Kochen bringen. Die Pilze und die Kräuter hinzufügen und alles ca. 8 Min. sprudelnd kochen lassen. Die Steinpilze mit dem Schaumlöffel aus dem Sud heben, auf Küchenpapier abtropfen und 1 Std. abkühlen lassen.

3 Die Pilze in die sterilisierten Gläser füllen, nach Belieben Kräuter und Knoblauch aus dem Sud dazugeben. Jeweils so viel Olivenöl angießen, dass die Pilze vollständig bedeckt sind. Dabei die Gläser leicht auf den Tisch stoßen, damit etwaige Luftbläschen aus dem Öl entweichen können. Die Gläser gut verschließen und die marinierten Steinpilze vor dem Verzehr am besten 2–3 Tage durchziehen lassen. Wenn man sie an einem kühlen, dunklen Ort aufbewahrt, sind sie ungefähr 4 Monate haltbar.

Tipp Die eingelegten Steinpilze eignen sich auch hervorragend als kulinarisches Mitbringsel. Sie schmecken als Antipasti, verfeinern Salate und passen perfekt zu geröstetem Ciabatta- oder Knoblauchbrot. Sie können nach diesem Rezept ganz nach Saison und Geschmack auch andere Pilzsorten wie Maronen, Pfifferlinge, Stockschwämmchen oder Austernpilze einlegen.

PILZTOPF

PILZ-ANTIPASTI

Pilztopf

HIER KRIEGEN PILZE SAURES

Für 2 große Einmachgläser (à 1 l Inhalt):
1 ½ kg kleine gemischte Waldpilze (z. B. Steinpilze, Maronen, Pfifferlinge, Semmelstoppel)
3 Zwiebeln | 5 Knoblauchzehen
1 l Weißweinessig | 5 Lorbeerblätter
1 TL Pinienkerne | 1 TL schwarze Pfefferkörner
5 EL Senfkörner | 1 Msp. Chilipulver
3 EL Salz | 1 EL Zucker
ca. ½ l Öl zum Aufgießen
Zubereitung: ca. 1 Std.
Abkühlen: 1 Std.
Marinieren: 1 Woche
Pro Portion: ca. 500 kcal, 7 g EW, 52 g F, 5 g KH

1 Die Pilze putzen und trocken abreiben, dabei die Pilzsorten getrennt halten. Für den Sud Zwiebeln und Knoblauch schälen und grob würfeln. In einen großen Topf ¾ l Wasser geben, Essig, Zwiebeln, Knoblauch, Lorbeerblätter, Pinienkerne, Pfeffer- und Senfkörner, Chili, Salz und Zucker hinzufügen. Alles aufkochen und bei mittlerer Hitze ca. 10 Min. ziehen lassen. Den Sud durch ein feines Sieb in einen zweiten Topf gießen.

2 Den Essigsud erneut aufkochen und die Pilzsorten darin nacheinander jeweils ca. 2 Min. ziehen lassen. Mit den helleren Sorten beginnen, damit der Sud nicht zu dunkel wird. Die Pilze mit dem Schaumlöffel herausheben, gut abtropfen und 1 Std. abkühlen lassen. Den Sud dabei eventuell mehrmals durch ein feines Sieb gießen und wieder aufkochen.

3 Die Pilze Sorte für Sorte in das sterilisierte Einmachglas schichten. So viel Öl angießen, dass die Pilze fingerbreit bedeckt sind und das Glas gut verschließen. Die Pilze mindestens 1 Woche durchziehen lassen. Bewahrt man sie an einem kühlen, dunklen Ort auf, sind sie ca. 4 Monate haltbar. Die eingelegten Pilze sind ideal als Vorspeise oder Beilage zu Raclette.

Pilz-Antipasti

SCHMECKT NACH URLAUB

Für 4 Personen:
je 100 g Champignons, Austernpilze, Steinpilze, Pfifferlinge und Pioppini
3 kleine Schalotten
2 Knoblauchzehen
3 Zweige Rosmarin
5 EL Olivenöl
Salz | Pfeffer | 3 EL Honig
100 ml Aceto balsamico
Cayennepfeffer
Zubereitung: ca. 35 Min.
Marinieren: 2–3 Std.
Pro Portion: ca. 215 kcal, 4 g EW, 13 g F, 19 g KH

1 Pilze putzen und trocken abreiben, die Strünke der Austernpilze abschneiden. Kleine Pilze ganz lassen, größere in Scheiben oder Streifen schneiden. Schalotten und Knoblauch schälen, die Schalotten in Ringe schneiden, den Knoblauch fein würfeln. Den Rosmarin abbrausen und trocken schütteln, die Nadeln abstreifen und fein hacken.

2 In einer großen Pfanne 3 EL Olivenöl erhitzen und die Pilze darin bei starker Hitze goldbraun braten. Mit Salz und Pfeffer würzen und aus der Pfanne nehmen. Das restliche Olivenöl in der Pfanne erhitzen, Schalotten, Knoblauch und Rosmarin darin kurz anbraten. Den Honig unterrühren, aufkochen und die Schalottenmischung mit dem Essig ablöschen. Mit Salz und Cayennepfeffer würzen.

3 Den Essigsud über die Pilze gießen, die Pilze abkühlen und vor dem Servieren am besten 2–3 Std. marinieren lassen. Dazu passt Ciabattabrot.

Tipp Wer mag, kann vor dem Servieren noch etwas Olivenöl über die Pilze träufeln und 40 g Parmesan in groben Spänen darüberhobeln.

Tellersülze mit Pilzen

BROTZEIT DER FEINEN ART

Für 4 Personen:
200 g kleine Pfifferlinge
100 g kleine Champignons
je 100 g Austern-, Shiitake- und Steinpilze
200 g Kräuterseitlinge
2 Möhren
1 Stange Lauch
Salz
1 Streifen Bio-Zitronenschale
einige Spritzer Zitronensaft
½ Bund Petersilie
100 g Cocktailtomaten
6 Blatt weiße Gelatine
½ l Hühnerbrühe
3 EL Weißweinessig
weißer Pfeffer | Zucker
Zubereitung: ca. 1 Std.
Kühlen: 4 Std.
Pro Portion: ca. 90 kcal, 11 g EW, 1 g F, 9 g KH

1 Die Pilze putzen und trocken abreiben. Die Strünke der Austernpilze abschneiden, die Stiele der Shiitake-Pilze herausdrehen. Alle Pilze – bis auf die Pfifferlinge und Champignons – in Scheiben oder Streifen schneiden. Die Möhren schälen und in Scheiben schneiden. Den Lauch putzen, waschen und in Ringe schneiden.

2 In einem großen Topf reichlich Wasser zum Kochen bringen, Salz, Zitronenschale und -saft hinzufügen. Die Pilze dazugeben und bei mittlerer Hitze ca. 10 Min. köcheln lassen. In ein Sieb abgießen, abtropfen und abkühlen lassen. Die Zitronenschale entfernen.

3 Möhren und Lauch jeweils separat in kochendem Wasser ca. 5 Min. blanchieren. Abgießen, kalt abschrecken, abtropfen und abkühlen lassen. Die Petersilie abbrausen und trocken schütteln, die Blätter abzupfen und fein hacken. Die Cocktailtomaten waschen und halbieren.

4 Die Gelatine in kaltem Wasser einweichen. In einem Topf die Brühe mit dem Essig aufkochen. Den Topf vom Herd nehmen. Die Gelatine gut ausdrücken und unter Rühren in der heißen Brühe auflösen. Den Sud mit Salz, Pfeffer und 1 Prise Zucker abschmecken.

5 Pilze, Möhren, Lauch, Petersilie und Cocktailtomaten dekorativ in tiefen Tellern anrichten und leicht mit Pfeffer würzen. Den lauwarmen Sud darübergießen und die Sülze zugedeckt im Kühlschrank mindestens 4 Std. (am besten über Nacht) fest werden lassen.

Tipp **Servieren Sie die Sülze mit knusprigem Bauernbrot. Wer mag, reicht dazu noch eine Schnittlauchsauce. Dafür 150 g Crème fraîche mit 1 EL Milch, 1 TL scharfem Senf, einigen Spritzern Zitronensaft, etwas abgeriebener Bio-Zitronenschale und 1 EL Schnittlauchröllchen verrühren. Die Sauce mit Salz und Pfeffer kräftig abschmecken.**

Pilzterrine im Lauchmantel

EIN OLDIE DER FEINEN KÜCHE FEIERT RENAISSANCE

Für 1 Terrinenform (1½ l Inhalt):
1 große Stange Lauch (ca. 300 g)
je 250 g Steinpilze und Pfifferlinge
2 EL Öl
Salz | Pfeffer
8 Blatt weiße Gelatine
1 Zweig Oregano
4 Zweige Thymian
400 ml Gemüsebrühe
250 g Sahne
1–2 TL Steinpilzpulver (siehe Seite 13)
1 EL Weißweinessig
Cayennepfeffer
Butter für die Form
Zubereitung: ca. 1 Std.
Kühlen: 4 Std.
Pro Portion: ca. 315 kcal, 12 g EW, 28 g F, 4 g KH

1 Die Lauchstange längs halbieren und die dunkelgrünen Außenblätter entfernen. Die Lauchhälften in die einzelnen Blätter teilen und unter fließendem kaltem Wasser waschen. Die Lauchblätter in kochendem Wasser ca. 4 Min. blanchieren. Mit dem Schaumlöffel herausheben, kalt abschrecken und auf Küchenpapier abtropfen lassen.

2 Die Pilze putzen, trocken abreiben und grob zerkleinern. Das Öl in einer großen Pfanne erhitzen und die Pilze darin bei starker Hitze ca. 5 Min. braten. Mit Salz und Pfeffer würzen und beiseitestellen.

3 Die Gelatine in kaltem Wasser einweichen. Die Kräuter abbrausen und trocken schütteln. In einem Topf die Brühe mit der Sahne aufkochen, das Steinpilzpulver und die Kräuterzweige hinzufügen und bei mittlerer Hitze kurz ziehen lassen. Die Kräuterzweige entfernen, den Sud mit Essig, Salz, Pfeffer und 1 Prise Cayennepfeffer abschmecken. Den Topf vom Herd nehmen. Die Gelatine gut ausdrücken und unter Rühren in der heißen Sahnemischung auflösen.

4 Die Terrinenform mit Butter einfetten und mit den Lauchblättern auskleiden. Dafür die Blätter quer und leicht überlappend in die Form legen – die Blätter sollen an den Seiten so weit überstehen, dass die Terrine damit bedeckt werden kann. Die Pilze in die Form geben und mit der Sahnemischung auffüllen. Die Lauchblätter darüberschlagen und die Pilzterrine mindestens 4 Std. (am besten über Nacht) im Kühlschrank fest werden lassen.

5 Zum Servieren die Terrine aus der Form stürzen, in Scheiben schneiden (das geht am einfachsten mit einem elektrischen Schneidemesser) und auf Tellern anrichten.

Tipp **Zu der Pilzterrine passt sehr gut ein knackiger Blattsalat. Zum Hauptgericht wird die Terrine, wenn man sie mit Bratkartoffeln oder gebratenen Semmelknödelscheiben serviert.**

SUPPEN & WARME VORSPEISEN

Waldpilzbouillon mit Polentanocken

ÜBERZEUGT AUCH ANSPRUCHSVOLLE GÄSTE

Für 4 Personen:

Für den Pilzfond:

30 g getrocknete Steinpilze
500 g gemischte Waldpilze (z. B. Pfifferlinge, Steinpilze, Herbsttrompeten, Maronen)
1 l Gemüsebrühe
1 Zweig Rosmarin
2 Wacholderbeeren
3 Zweige Thymian
1 EL Butter
Salz | Pfeffer
4 EL trockener Sherry

Für die Polentanocken:

Salz
1 TL Butter
125 g Instant-Polenta
1–2 TL Steinpilzpulver (siehe Seite 13)
1 EL frisch geriebener Parmesan

Außerdem:

je 1 EL Schnittlauchröllchen und gehackte Petersilie

Zubereitung: ca. 55 Min.
Einweichen: 30 Min.
Pro Portion: ca. 200 kcal, 31 g EW, 5 g F, 26 g KH

1 Für den Pilzfond die getrockneten Steinpilze in 200 ml lauwarmem Wasser 30 Min. einweichen. Inzwischen die frischen Pilze putzen und trocken abreiben, kleine Pilze ganz lassen, größere halbieren oder vierteln. Die Hälfte der Pilze beiseitelegen. Die andere Hälfte mit der Brühe in einen Topf geben, die getrockneten Steinpilze samt Einweichflüssigkeit hinzufügen. Den Rosmarin abbrausen, trocken schütteln und mit den angedrückten Wacholderbeeren in die Brühe geben. Aufkochen und bei mittlerer Hitze ca. 20 Min. köcheln lassen.

2 Thymian abbrausen, trocken schütteln und die Blättchen abzupfen. Die Butter in einer großen Pfanne zerlassen und die beiseitegestellten frischen Pilze darin bei starker Hitze ca. 3 Min. braten. Den Thymian unterrühren, die Pilze mit Salz und Pfeffer würzen. Die Pilzbrühe durch ein feines Sieb in einen zweiten Topf gießen und die gebratenen Pilze unterrühren. Mit Sherry, Salz und Pfeffer würzen und warm halten.

3 Für die Polentanocken in einem Topf ½ l Wasser mit 1 Prise Salz und der Butter zum Kochen bringen. Den Polentagrieß unter ständigem Rühren einrieseln lassen. Den Topf vom Herd nehmen, die Polenta mit Salz und Steinpilzpulver würzen und den Parmesan unterrühren. Die Polenta ca. 10 Min. quellen lassen.

4 Aus der Polentamasse mit zwei Teelöffeln Nocken abstechen, dabei die Löffel immer wieder kurz in kaltes Wasser tauchen. Die Polentanocken in tiefen Tellern anrichten und die Pilzbouillon darübergeben. Mit Schnittlauch und Petersilie bestreut servieren.

Variante Grießklößchen

Wer es eher traditionell mag, kann die Pilzbouillon auch mit Grießklößchen servieren. Dafür 50 g weiche Butter mit 1 Ei schaumig schlagen und 80 g Weichweizengrieß unterrühren. Mit Salz, Pfeffer und Muskat würzen und 1 Std. quellen lassen. Aus der Grießmasse mit zwei angefeuchteten Teelöffeln kleine Klößchen abstechen und diese in leicht köchelndem Salzwasser in ca. 15 Min. gar ziehen lassen. Die Klößchen werden raffinierter, wenn man die Grießmasse zusätzlich mit Steinpilzpulver oder zerriebenen Safranfäden würzt.

Chinesische Pilzsuppe

EIN HAUCH VON EXOTIK IM SUPPENTOPF

Für 4 Personen:
10 g getrocknete Mu-Err-Pilze
100 g Glasnudeln
2 Frühlingszwiebeln
ca. 30 g Ingwer
1 Stängel Zitronengras
1 milde Chilischote
400 g gemischte asiatische Pilze (z. B. Reisstrohlinge, Shiitake- und Enoki-Pilze)
800 ml Gemüsebrühe
1 Bund Koriandergrün
Salz | Pfeffer

Zubereitung: ca. 50 Min.
Pro Portion: ca. 160 kcal, 4 g EW, 1 g F, 33 g KH

1 Die getrockneten Mu-Err-Pilze in lauwarmem Wasser 30 Min. einweichen. Inzwischen die Glasnudeln nach Packungsanweisung garen, in ein Sieb abgießen und abtropfen lassen.

2 Die Frühlingszwiebeln putzen, waschen und in feine Ringe schneiden. Den Ingwer schälen und fein hacken. Das Zitronengras waschen und mit einem Topf oder Fleischklopfer flach klopfen. Die Chilischote längs halbieren, entkernen, waschen und fein hacken.

3 Die frischen Pilze putzen und trocken abreiben, die Stiele der Shiitake-Pilze herausdrehen. Die eingeweichten Mu-Err-Pilze abgießen, unter fließendem kaltem Wasser gründlich waschen und ausdrücken. Alle Pilze klein schneiden.

4 Die Brühe mit Frühlingszwiebeln, Ingwer, Zitronengras, Chilischote und Pilzen in einem Topf aufkochen und bei mittlerer Hitze ca. 15 Min. köcheln lassen.

5 Den Koriander abbrausen, trocken schütteln und die Blätter abzupfen. Einige Korianderblätter zum Garnieren beiseitelegen, den Rest fein hacken. Den Koriander und die Glasnudeln zur Suppe geben und kurz ziehen lassen. Das Zitronengras entfernen. Die Chinesische Pilzsuppe mit Salz und Pfeffer abschmecken und mit den Korianderblättern garniert servieren.

Tipp **Gehaltvoller wird die Suppe, wenn Sie 2 Hähnchenbrustfilets waschen, trocken tupfen, in Würfel schneiden und in der Brühe mit gar ziehen lassen. Wer es schärfer mag, würzt die Pilzsuppe noch mit etwas Sambal oelek.**

MORCHELSUPPE MIT BLÄTTERTEIGHAUBE

SCHWIMMENDE HENNE

Morchelsuppe mit Blätterteighaube

PERFEKTER AUFTAKT FÜR EIN EDLES MENÜ

Für 4 Personen:
200 g kleine Spitzmorcheln
1 l Rinderbrühe
2 EL trockener Sherry
Salz | Pfeffer
frisch geriebene Muskatnuss
200 g frischer Blätterteig (aus dem Kühlregal)
1 Ei (M)
Zubereitung: ca. 40 Min.
Backen: 10 Min.
Pro Portion: ca. 370 kcal, 28 g EW, 21 g F, 20 g KH

1 Die Spitzmorcheln unter fließendem kaltem Wasser gründlich waschen, auf Küchenpapier abtropfen lassen und in Ringe schneiden.

2 Die Brühe in einem Topf erhitzen, mit Sherry, Salz, Pfeffer und 1 Prise Muskatnuss abschmecken. Die Spitzmorcheln in die Brühe geben und bei schwacher Hitze ca. 15 Min. köcheln lassen.

3 Den Backofen auf 200° (Umluft 180°) vorheizen. Die Spitzmorchelsuppe auf ofenfeste Suppentassen verteilen. Aus dem Blätterteig vier Kreise ausschneiden, deren Durchmesser etwas größer als der der Suppentassen ist. Das Ei trennen. Die Ränder der Tassen mit Eiweiß bestreichen, die Teigkreise auf die gefüllten Tassen legen und die Ränder fest andrücken. Den Blätterteig mit dem verquirlten Eigelb bestreichen.

4 Suppentassen in den vorgeheizten Ofen (Mitte) stellen und die Blätterteighauben in ca. 10 Min. goldbraun backen.

Schwimmende Henne

AROMATISCH UND EXTRAVAGANT

Für 4 Personen:
500 g Fette Henne (Krause Glucke)
2 Schalotten | 1 Knoblauchzehe
100 g durchwachsener Räucherspeck
1 EL Butter
½ l Gemüsebrühe
100 g Sahne
einige Spritzer Zitronensaft
½ Bund Petersilie
Salz | Pfeffer
Zubereitung: ca. 40 Min.
Abtropfen: ca. 30 Min.
Pro Portion: ca. 280 kcal, 6 g EW, 27 g F, 3 g KH

1 Die Fette Henne wie einen Blumenkohl in Röschen teilen, unter fließendem kaltem Wasser gründlich waschen und ca. 30 Min. auf Küchenpapier abtropfen lassen. Die Schalotten und den Knoblauch schälen und fein würfeln. Den Speck ebenfalls in feine Würfel schneiden.

2 Die Butter in einem Topf zerlassen, Schalotten, Knoblauch und Speck darin anbraten. Die Pilzstücke dazugeben und bei starker Hitze ca. 5 Min. mitbraten. Brühe, Sahne und Zitronensaft hinzufügen und alles bei mittlerer Hitze ca. 20 Min. köcheln lassen.

3 Die Petersilie abbrausen und trocken schütteln, die Blätter abzupfen und fein hacken. Die Suppe mit Salz und Pfeffer abschmecken und vor dem Servieren die Petersilie unterrühren.

Kartoffelsuppe mit Steinpilzen

HAUSMANNSKOST VOM FEINSTEN

Für 4 Personen:
600 g mehligkochende Kartoffeln
1 Zwiebel
1 Möhre
100 g Knollensellerie
4 EL Öl
1,2 l Gemüsebrühe
500 g Steinpilze
Steinpilzsalz (siehe Tipp)
Pfeffer
½ Bund Thymian
Salz
frisch geriebene Muskatnuss
4 EL Crème fraîche
Zubereitung: ca. 45 Min.
Pro Portion: ca. 285 kcal,
11 g EW, 17 g F, 22 g KH

1 Die Kartoffeln schälen, waschen und grob würfeln. Zwiebel, Möhre und Sellerie schälen und ebenfalls in grobe Würfel schneiden. In einem Topf 2 EL Öl erhitzen und die Zwiebel darin andünsten. Die Möhren-, Sellerie- und Kartoffelwürfel hinzufügen und ca. 3 Min. mitdünsten. Die Brühe dazugießen und aufkochen. Die Kartoffeln zugedeckt bei mittlerer Hitze ca. 20 Min. köcheln lassen, bis sie weich sind.

2 Inzwischen die Steinpilze putzen, trocken abreiben und längs in dünne Scheiben schneiden. Das restliche Öl in einer großen Pfanne erhitzen und die Pilzscheiben darin bei starker Hitze auf jeder Seite ca. 2 Min. braten. Mit Steinpilzsalz und Pfeffer würzen.

3 Den Thymian abbrausen und trocken schütteln, die Blättchen abzupfen und kurz vor Ende der Garzeit zur Suppe geben. Den Topf vom Herd nehmen und die Kartoffelsuppe mit dem Stabmixer fein pürieren. Die Suppe mit Salz, Pfeffer und Muskatnuss abschmecken.

4 Die Kartoffelsuppe mit den gebratenen Steinpilzen in tiefen Tellern anrichten und jeweils 1 EL Crème fraîche daraufsetzen. Nach Belieben mit Thymian garniert servieren.

Tipp Steinpilzsalz sollte jeder Pilzfan auf Vorrat haben. Dafür 20 g getrocknete Steinpilze im Blitzhacker zu feinem Pulver mahlen, mit 250 g Meersalz mischen und in ein Schraubglas füllen. Das Salz rundet als Würze alle Pilzgerichte raffiniert ab und ist ideal, um Suppen und Saucen abzuschmecken. Auch getrocknete Herbsttrompeten eignen sich bestens für die Herstellung von Pilzsalz. Wer das Pilzaroma bei diesem Rezept noch intensivieren möchte, gibt zum Braten einfach 10 g in Wasser eingeweichte, getrocknete Steinpilze mit den frischen Pilzen in die Pfanne.

Bayerische Waldpilzsuppe

SO EINFACH, SO GUT

Für 4 Personen:

600 g gemischte Waldpilze (z. B. Pfifferlinge, Steinpilze, Maronen, Winterlinge, Rotkappen)
1 Zwiebel | 2 EL Butter
50 g Mehl | 1½ l Gemüsebrühe
100 g Sahne | 1 Lorbeerblatt
1 Bund Petersilie
Salz | Pfeffer
etwas Zitronensaft | 4 EL Crème fraîche

Zubereitung: ca. 45 Min.
Pro Portion: ca. 200 kcal, 7 g EW, 13 g F, 13 g KH

1 Die Pilze putzen und trocken abreiben, kleine Pilze ganz lassen, größere in Stücke oder Scheiben schneiden. Die Zwiebel schälen und fein würfeln.

2 Die Butter in einem Topf zerlassen und die Zwiebel darin andünsten. Die Pilze dazugeben und bei starker Hitze ca. 3 Min. anbraten. Das Mehl darüberstäuben und unterrühren, die Brühe dazugießen und aufkochen. Die Sahne und das Lorbeerblatt hinzufügen und die Waldpilzsuppe bei mittlerer Hitze ca. 10 Min. köcheln lassen.

3 Die Petersilie abbrausen, trocken schütteln und die Blätter abzupfen. Einige Petersilienblätter zum Garnieren beiseitelegen, den Rest fein hacken. Die Petersilie kurz vor dem Servieren zur Suppe geben, das Lorbeerblatt entfernen. Mit Salz, Pfeffer und Zitronensaft abschmecken.

4 Die Waldpilzsuppe in tiefen Tellern anrichten und nach Belieben jeweils mit 1 Klecks Crème fraîche und der Petersilie garnieren.

Pfifferling-Cremesuppe

EIN SAMTIGER VERFÜHRER

Für 4 Personen:

2 Zwiebeln
200 g Petersilienwurzel
1 mehligkochende Kartoffel
5 EL Butter | 800 ml Gemüsebrühe
2 EL trockener Sherry
300 g Pfifferlinge | 2 Scheiben Toastbrot
125 g Crème fraîche | 100 g Sahne
Salz | Pfeffer
2–3 EL gehackte Petersilie

Zubereitung: ca. 45 Min.
Pro Portion: ca. 370 kcal, 16 g EW, 32 g F, 15 g KH

1 Zwiebeln und Petersilienwurzel schälen und grob würfeln. Die Kartoffel schälen, waschen und auf dem Gemüsehobel fein reiben. In einem Topf 1 EL Butter zerlassen, Zwiebeln und Petersilienwurzel darin andünsten. Die Kartoffelraspel dazugeben und mit andünsten. Die Brühe und den Sherry hinzufügen und aufkochen. Bei mittlerer Hitze ca. 15 Min. köcheln lassen und mit dem Stabmixer fein pürieren.

2 Die Pfifferlinge putzen und trocken abreiben. Die Toastbrotscheiben entrinden und in kleine Würfel schneiden. In einer Pfanne 2 EL Butter zerlassen und die Brotwürfel darin goldbraun rösten. Herausnehmen und auf Küchenpapier abtropfen lassen. Die restliche Butter in der Pfanne zerlassen und die Pfifferlinge darin bei starker Hitze ca. 5 Min. braten.

3 Die Crème fraîche und die Sahne unter die pürierte Suppe rühren und die Suppe aufkochen. Die gebratenen Pilze untermischen, mit Salz und Pfeffer würzen. Die Pfifferling-Cremesuppe auf tiefe Teller verteilen, mit den Croûtons und der Petersilie bestreuen.

OBEN: BAYERISCHE WALDPILZSUPPE | UNTEN: PFIFFERLING-CREMESUPPE

Saure Schwammerlbrühe mit Semmelknödeln

EIN TRADITIONSGERICHT NACH GROSSMUTTERS REZEPT

Für 4 Personen:

Für die Knödel:
5–6 Brötchen (vom Vortag)
½ TL Salz
Pfeffer
¼ l lauwarme Milch
1 kleine Zwiebel
2 EL Butter
3 Eier (M)
1 EL gehackte Petersilie

Für die Brühe:
800 g gemischte Waldpilze (z. B. Pfifferlinge, Steinpilze, Rotkappen, Maronen, Herbsttrompeten)
1 Zwiebel
2 EL Butter
1 Lorbeerblatt
5–6 Wacholderbeeren
1 l Gemüsebrühe
200 ml Weißweinessig
200 g Sahne
1 EL gehackte Petersilie
Salz | Pfeffer

Zubereitung: ca. 1 Std.
Einweichen: 20 Min.
Pro Portion: ca. 555 kcal, 21 g EW, 33 g F, 41 g KH

1 Für die Knödel die Brötchen in Scheiben schneiden und in eine Schüssel geben. Das Salz und etwas Pfeffer hinzufügen. Mit der lauwarmen Milch übergießen und 20 Min. ziehen lassen.

2 Die Zwiebel schälen und fein würfeln. Die Butter in einer Pfanne zerlassen und die Zwiebelwürfel darin andünsten. Mit den Eiern und der gehackten Petersilie zu den Brötchen geben. Gut mischen und mit den Händen zu einer glatten Masse verkneten. Falls die Knödelmasse zu weich sein sollte, nach Belieben mit Semmelbröseln, Grieß oder Mehl binden. Aus der Semmelmasse gleichmäßige Knödel formen. In einem Topf reichlich Salzwasser aufkochen, die Knödel hineingeben und bei mittlerer Hitze in 15–20 Min. gar ziehen lassen.

3 Für die Brühe die Pilze putzen, trocken abreiben und klein schneiden. Die Zwiebel schälen und fein würfeln. Die Butter in einem Topf zerlassen und die Pilze darin anbraten. Zwiebelwürfel, Lorbeerblatt und angedrückte Wacholderbeeren dazugeben. Die Brühe und den Essig angießen, alles ca. 20 Min. köcheln lassen. Das Lorbeerblatt und die Wacholderbeeren wieder entfernen. Die Sahne und gehackte Petersilie hinzufügen, die Schwammerlbrühe mit Salz und Pfeffer abschmecken.

4 Die Semmelknödel mit dem Schaumlöffel aus dem Topf heben und in tiefe Teller setzen. Mit der Schwammerlbrühe übergießen und nach Belieben mit Petersilienblättern garnieren.

Tipp Wer die Schwammerlbrühe sämiger möchte, rührt etwas Speisestärke in einer kleinen Schüssel mit kaltem Wasser an. Die Stärke dann nach und nach in die köchelnde Brühe rühren, bis sie die gewünschte Konsistenz erreicht hat. Wer noch harte Brezen oder Laugengebäck übrig hat, kann die Knödel auch damit – statt mit Brötchen – zubereiten. Man sollte vor der Verwendung allerdings das Salz entfernen, sonst wird die Knödelmasse zu salzig.

Pilzeintopf mit Nüssen und Koriander

HEIMISCHER SATTMACHER MIT LEICHT ORIENTALISCHEM TOUCH

Für 4–6 Personen:
50 g getrocknete Mischpilze
1 kg gemischte Pilze (z. B. Egerlinge, Maronen, Steinpilze)
3 Schalotten
50 g durchwachsener Räucherspeck
4 EL Öl
1 EL Mehl
1 EL Kakaopulver
200 g Sahne
2 Lorbeerblätter
Salz | Pfeffer
100 g Cashewkerne
1 Bund Koriandergrün
Zucker

Zubereitung: ca. 1 Std.
Pro Portion: ca. 375 kcal, 13 g EW, 31 g F, 9 g KH

1 Die getrockneten Pilze in ¾ l lauwarmem Wasser 30 Min. einweichen. Inzwischen die frischen Pilze putzen und trocken abreiben, kleine Pilze ganz lassen, größere halbieren oder vierteln. Die Schalotten schälen und fein würfeln. Den Speck in feine Streifen schneiden.

2 In einem großen Topf 1 EL Öl erhitzen. Schalotten und Speck darin anbraten und wieder herausnehmen. Das restliche Öl im Topf erhitzen und die frischen Pilze darin bei starker Hitze scharf anbraten. Mit Mehl und Kakaopulver bestäuben und ca. 1 Min. unter Rühren weiterbraten.

3 Die getrockneten Pilze samt Einweichflüssigkeit, die Schalotten und den Speck hinzufügen. Die Sahne angießen, die Lorbeerblätter dazugeben, mit Salz und Pfeffer würzen. Die Pilze bei mittlerer Hitze ca. 15 Min. köcheln lassen.

4 Die Cashewkerne grob hacken und in einer beschichteten Pfanne ohne Fett goldbraun rösten. Aus der Pfanne nehmen und abkühlen lassen. Den Koriander abbrausen und trocken schütteln, die Blätter abzupfen und fein hacken.

5 Den Pilzeintopf vom Herd nehmen, die Lorbeerblätter entfernen. Den Eintopf mit Salz, Pfeffer und 1 Prise Zucker abschmecken und jeweils die Hälfte der gerösteten Nüsse und des Korianders untermischen. Den Eintopf in tiefen Tellern anrichten, mit den restlichen Nüssen und dem übrigen Koriander bestreuen.

Tipp Zu dem Eintopf passen Stampfkartoffeln oder knuspriges Baguette genauso gut wie Semmelknödel oder Reis. Außerhalb der Pilzsaison kann man die Maronen und Steinpilze durch Champignons und Kräuterseitlinge ersetzen. Zum Anbraten der Pilze benötigt man einen sehr großen Topf. Ansonsten empfiehlt es sich, die Pilze in drei Portionen anzubraten: Sobald das erste Drittel gut angebraten und etwas zusammengefallen ist, die nächste Portion hinzufügen und ebenso verfahren.

LINKS: BRUSCHETTA MIT WALDPILZEN | RECHTS: PILZ-CROSTINI MIT SCHINKEN

Mhh, wie das duftet! In der goldbraunen Blätterteighülle wartet eine Füllung aus aromatischen Waldpilzen auf ihre Entdeckung. Außerhalb der Saison kann man für dieses Rezept auf Egerlinge, Champignons und Austernpilze zurückgreifen.

Gefüllte Blätterteigtaschen

Für 4 Personen:
4 große Scheiben TK-Blätterteig
400 g Maronen, Pfifferlinge und Steinpilze
1 Zwiebel
1 Knoblauchzehe
1 Bund Petersilie
2 EL Butter
1–2 EL Crème fraîche
Steinpilzsalz (siehe Tipp S. 50)
Pfeffer
einige Spritzer Zitronensaft
1 Eigelb (M)
Zubereitung: ca. 45 Min.
Backen: 20 Min.
Pro Portion: ca. 420 kcal, 13 g EW, 27 g F, 27 g KH

1 Die Blätterteigscheiben nebeneinanderlegen und auftauen lassen. Die Pilze putzen, trocken abreiben und klein schneiden. Zwiebel und Knoblauch schälen und fein würfeln. Die Petersilie abbrausen und trocken schütteln, die Blätter abzupfen und fein hacken.

2 Die Butter in einer Pfanne zerlassen und die Pilze darin bei starker Hitze goldbraun braten. Zwiebel und Knoblauch dazugeben und kurz mitbraten. Die Crème fraîche und die Petersilie unterrühren, mit Steinpilzsalz, Pfeffer und Zitronensaft würzen. Die Pilzpfanne beiseitestellen und kurz abkühlen lassen.

3 Den Backofen auf 200° (Umluft 180°) vorheizen. Die aufgetauten Blätterteigscheiben halbieren, sodass Quadrate entstehen, und jeweils etwas Pilzmasse in die Mitte der Teigquadrate setzen. Den Teig über der Füllung zu Dreiecken zusammenklappen und die Ränder mit einer Gabel fest andrücken, damit die Füllung beim Backen nicht ausläuft.

4 Die Teigtaschen auf ein mit Backpapier ausgelegtes Backblech setzen. Mit dem verquirlten Eigelb bestreichen und kurz ruhen lassen. Im vorgeheizten Ofen (Mitte) in ca. 20 Min. goldbraun backen.

Tipp Freunde der asiatischen Küche sollten eine Variante mit Shiitake-, Enoki- und getrockneten, in Wasser eingeweichten Mu-Err-Pilzen probieren. Die Pilzfüllung dann statt mit Zwiebeln und Petersilie mit Frühlingszwiebeln und Koriandergrün zubereiten und nach Belieben noch etwas geriebenen Ingwer untermischen.

Ob zum Aperitif oder als kleine Köstlichkeit zu einem Glas Wein – mit diesen knusprigen Broten liegen Sie (nicht nur) bei Pilzfans immer richtig. Die kleinen Happen schmecken am besten, wenn die kräuterduftenden Pilze frisch aus der Pfanne kommen. Für die aromatische Waldpilzmischung bieten geröstete Bauern- oder Schwarzbrotscheiben den »perfekten Untergrund«.

Bruschetta mit Waldpilzen

Für 4 Personen:
je 200 g Steinpilze, Herbsttrompeten und Pfifferlinge
je ½ Bund Thymian und Petersilie
2–3 Stängel Bohnenkraut
3 Knoblauchzehen
2 EL Olivenöl
Salz | Pfeffer
1 kleine getrocknete Chilischote
einige Spritzer Zitronensaft
4 Scheiben Bauern- oder Schwarzbrot
Zubereitung: ca. 35 Min.
Pro Portion: ca. 190 kcal, 9 g EW, 6 g F, 24 g KH

1 Die Pilze putzen, trocken abreiben und klein schneiden. Die Kräuter abbrausen und trocken schütteln, die Blätter abzupfen und fein hacken. Den Knoblauch schälen und fein würfeln.

2 Das Olivenöl in einer Pfanne erhitzen und die Pilze darin bei starker Hitze ca. 5–8 Min. anbraten. Den Knoblauch dazugeben und kurz mitbraten. Die gehackten Kräuter unterrühren und kurz ziehen lassen. Die Pilze mit Salz, Pfeffer und der zerbröselten Chilischote würzen, mit Zitronensaft abschmecken.

3 Die Brotscheiben im Toaster knusprig rösten und die Pilze darauf verteilen. Nach Belieben mit gehackter Petersilie bestreut servieren.

Pilz-Crostini mit Schinken

Für 12 Stück:
300 g Champignons | 4 kleine Schalotten
4 EL Öl | 1 TL getrockneter Thymian
Salz | Pfeffer
100 g gekochter Schinken (am Stück)
1 Tomate | 12 Scheiben Baguette
4 EL Olivenöl | 2 Knoblauchzehen
1 EL gehacktes Basilikum
Zubereitung: ca. 40 Min.
Pro Portion: ca. 130 kcal, 4 g EW, 7 g F, 12 g KH

1 Die Champignons putzen, trocken abreiben und sehr fein hacken. Schalotten schälen und fein würfeln. In einer Pfanne 4 EL Öl erhitzen, die Pilze darin scharf anbraten. Schalotten hinzufügen und kurz mitbraten. Den Thymian dazugeben und die Pilze unter Rühren so lange weiterbraten, bis die Flüssigkeit vollständig verdampft ist. Mit Salz und Pfeffer würzen.

2 Den Schinken in kleine Würfel schneiden. Die Tomate waschen, vierteln, entkernen und ebenfalls in Würfel schneiden. Die Schinken- und Tomatenwürfel unter die Pilzmasse mischen.

3 Die Brotscheiben in einer beschichteten Pfanne ohne Fett auf beiden Seiten goldbraun rösten. Das Olivenöl in ein Schälchen geben. Den Knoblauch schälen, dazupressen und unterrühren. Die Brotscheiben mit dem Knoblauchöl bestreichen und die Pilzmasse darauf verteilen. Mit Basilikum bestreuen.

Frittierte Pilze mit zweierlei Dips

GROSSER GENUSS IN KLEINEN HAPPEN

Für 4 Personen:

Für den Kräuter-Joghurt-Dip:

1 Schalotte
je 1 Bund Petersilie, Kerbel und Dill
150 g Naturjoghurt
3 EL Mayonnaise
3 EL Frischkäse
150 g Crème double
Salz | Pfeffer
1 TL Weißweinessig

Für den Tomaten-Ziegenkäse-Dip:

3 Strauchtomaten
4–5 getrocknete Tomaten (in Öl)
200 g Ziegenfrischkäse
2 EL Öl (von den eingelegten Tomaten)
Saft von ½ Zitrone
50 g Sahne
Salz | Pfeffer

Für die frittierten Pilze:

800 g gemischte Pilze (z. B. Pfifferlinge, Egerlinge, Champignons, Maronen, Parasol)
½ Bund Petersilie
4 Eier (M)
Salz | Pfeffer
100 g Mehl
300 g Semmelbrösel
ca. 2 l Öl zum Frittieren

Zubereitung: ca. 1 ½ Std.
Pro Portion: ca. 995 kcal, 38 g EW, 46 g F, 28 g KH

1 Für den Kräuter-Joghurt-Dip die Schalotte schälen und fein würfeln. Die Kräuter abbrausen und trocken schütteln, die Blätter bzw. Spitzen abzupfen und fein hacken. Den Joghurt mit der Mayonnaise, dem Frischkäse und der Crème double verrühren. Die Schalotte und die Kräuter unter die Joghurtmischung rühren. Den Dip mit Salz, Pfeffer und Essig abschmecken.

2 Für den Tomaten-Ziegenkäse-Dip die Tomaten waschen, vierteln und entkernen, dabei die Stielansätze entfernen. Das Tomatenfruchtfleisch in möglichst kleine Würfel schneiden. Die getrockneten Tomaten auf Küchenpapier abtropfen lassen und ebenfalls fein würfeln. Den Ziegenfrischkäse mit dem Tomatenöl, dem Zitronensaft und der Sahne zu einer glatten Masse verrühren. Mit Salz und Pfeffer abschmecken und zuletzt die Tomatenwürfel unterheben.

3 Für die frittierten Pilze die Pilze putzen und trocken abreiben, kleine Pilze ganz lassen, größere halbieren oder vierteln. Die Petersilie abbrausen und trocken schütteln, die Blätter abzupfen und fein hacken. Die Eier in einer Schüssel verquirlen und die gehackte Petersilie unterrühren, mit Salz und Pfeffer würzen. Das Mehl und die Semmelbrösel jeweils in einen tiefen Teller geben. Die Pilze zunächst mit Mehl bestäuben, dann in der Ei-Kräuter-Mischung wenden und zuletzt in den Semmelbröseln wälzen.

4 Zum Frittieren das Öl in einem Topf auf 170° erhitzen. Es hat die richtige Temperatur, wenn an einem Holzlöffelstiel, den man ins Fett hält, kleine Bläschen aufsteigen. Die panierten Pilze im Frittierfett portionsweise in ca. 4 Min. goldbraun ausbacken. Mit dem Schaumlöffel herausheben, auf Küchenpapier abtropfen lassen und mit etwas Salz bestreuen. Die frittierten Pilze mit den Dips servieren und nach Belieben einen knackigen Blattsalat dazureichen.

Pilz-Palatschinken auf Kräutersalat

HERZHAFTES MIT GRÜNEM FRISCHEKICK

Für 4 Personen:
Für die Palatschinken:
250 g Mehl
2 Eier (M)
½ l Milch
4 EL Mineralwasser
Salz
300 g Kräuterseitlinge
1 Zwiebel
ca. 5 EL Butter
1 EL Crème fraîche
Pfeffer
Für den Salat:
je 1 Bund Basilikum, Koriandergrün, Petersilie und Estragon
1 milde Chilischote
3 EL frisch gepresster Zitronensaft
1 TL Honig
1 EL Schnittlauchröllchen
5 EL Olivenöl
Salz | Pfeffer
Zubereitung: ca. 1 Std. 10 Min.
Pro Portion: ca. 600 kcal,
18 g EW, 33 g F, 57 g KH

1 Für die Palatschinken Mehl, Eier, Milch und Mineralwasser mit 1 TL Salz mit dem Stabmixer zu einem flüssigen, glatten Teig verrühren. Den Teig ca. 10 Min. quellen lassen. Inzwischen die Kräuterseitlinge putzen, trocken abreiben und je nach Größe halbieren oder vierteln. Die Zwiebel schälen und fein würfeln.

2 Die Butter portionsweise in einer Pfanne zerlassen und darin aus dem Palatschinkenteig nacheinander vier dünne Pfannkuchen backen. Die fertigen Palatschinken im Backofen bei 50° warm halten.

3 In der Pfanne 1 EL Butter zerlassen und die Kräuterseitlinge darin bei starker Hitze anbraten. Die Zwiebel dazugeben und kurz mitbraten. Die Crème fraîche unterrühren, die Pilze mit Salz und Pfeffer würzen und warm halten.

4 Für den Salat die Kräuter abbrausen, trocken schütteln und die Blätter abzupfen. Die Chilischote längs halbieren, entkernen, waschen und fein hacken. Zitronensaft, Honig, Schnittlauch und Chili mit dem Olivenöl zu einem Dressing verrühren, mit Salz und Pfeffer würzen.

5 Die Kräuterblätter auf Teller verteilen und mit dem Dressing beträufeln. Je etwas Pilzmasse in die Mitte der Palatschinken geben, die Pfannkuchen aufrollen, nach Belieben schräg in Stücke schneiden und auf dem Kräutersalat anrichten.

Tipp **Besonders fein schmeckt der Salat, wenn er mit Wildkräutern zubereitet wird. Wer diese nicht selbst sammeln möchte – auf Märkten werden häufig fertige Mischungen (z. B. aus Sauerampfer, Brunnenkresse, Rucola, Löwenzahn und Kerbel) angeboten. Während der Pilzsaison kann man die Palatschinken auch mit Waldpilzen wie Steinpilzen oder Pfifferlingen füllen und diese dann auf einer Mischung aus Rucola, Spinat- und Mangoldblättern anrichten.**

OBEN: PILZFRITTATA MIT BACON | UNTEN: RÜHREI MIT PFIFFERLINGEN

Rührei mit Pfifferlingen

DAS GUTE KANN SO EINFACH SEIN

Für 4 Personen:
600 g Pfifferlinge
1 Bund Schnittlauch
3 EL Butter | 5 EL Sahne
6 Eier (M) | Salz | Pfeffer
Zubereitung: ca. 30 Min.
Pro Portion: ca. 240 kcal, 14 g EW, 20 g F, 1 g KH

1 Die Pfifferlinge putzen und trocken abreiben, kleine Pilze ganz lassen, größere vierteln oder klein schneiden. Den Schnittlauch abbrausen, trocken schütteln und in feine Röllchen schneiden. In einer Pfanne 2 EL Butter zerlassen und die Pilze darin bei starker Hitze in ca. 2–3 Min. goldbraun braten. Mit der Sahne ablöschen und warm halten.

2 Die Eier in eine Schüssel aufschlagen. Mit Salz und Pfeffer würzen und mit einer Gabel kräftig durchschlagen, bis sich Eiweiß und -gelb gut verbunden haben. Die restliche Butter in einer Pfanne zerlassen und die Eiermasse darin bei schwacher Hitze stocken lassen, dabei die Eier mit einem Holzspatel immer wieder vom Pfannenrand zur Mitte hin durchrühren.

3 Die Pfifferlinge mit dem Rührei mischen, mit Salz und Pfeffer würzen. Mit Schnittlauch garnieren und nach Belieben mit geröstetem Toastbrot servieren.

Tipp Ein Gedicht für Genießer ist Rührei mit Trüffel. Dafür das Rührei wie oben beschrieben zubereiten – um das Trüffelaroma zu intensivieren, zum Braten je 1 EL Butter und Trüffelöl (siehe Seite 23) verwenden. 20 g schwarze Trüffel trocken bürsten und in feinen Scheiben über das Rührei hobeln. Mit Fleur de Sel und Pfeffer würzen.

Pilzfrittata mit Bacon

SCHMECKT WARM UND KALT

Für 4 Personen:
500 g gemischte Pilze (z. B. Champignons, Pfifferlinge, Steinpilze)
80 g Bacon (in Scheiben)
2 Schalotten | 1 Knoblauchzehe
4 EL Olivenöl | 1 EL gehackte Petersilie
Salz | Pfeffer
1 TL Thymianblättchen | 6 Eier (M)
60 g frisch geriebener Parmesan
Zubereitung: ca. 35 Min.
Backen: 15 Min.
Pro Portion: ca. 415 kcal, 21 g EW, 36 g F, 2 g KH

1 Die Pilze putzen, trocken abreiben und je nach Größe ganz lassen oder klein schneiden. Den Bacon in Streifen schneiden. Schalotten und Knoblauch schälen und fein würfeln.

2 Backofen auf 140° vorheizen. In einer ofenfesten beschichteten Pfanne 2 EL Olivenöl erhitzen und den Bacon darin knusprig braten. Die Pilze dazugeben und goldbraun braten. Die Petersilie unterrühren, mit Salz und Pfeffer würzen. Die Pilzmischung aus der Pfanne nehmen. Das restliche Olivenöl in der Pfanne erhitzen, Schalotten, Knoblauch und Thymian darin anbraten. Salzen, pfeffern und die Pilze untermischen.

3 Die Eier verquirlen, mit Salz und Pfeffer würzen und die Hälfte des Parmesans unterrühren. Die Eiermasse über die Pilze gießen, die Pfanne schwenken, damit sich die Masse gleichmäßig verteilen kann. Die Eier im vorheizten Ofen (Mitte) in ca. 15 Min. stocken lassen. Nach ca. 7 Min. den restlichen Parmesan darüberstreuen. Die Pilzfrittata aus dem Ofen nehmen und zum Servieren wie eine Torte in Stücke schneiden.

Steinpilztörtchen mit Lauch

PIKANTE TÖRTCHEN FÜR PARTY ODER PICKNICK

Für 6 Personen:
Für den Teig:
250 g Mehl
125 g Butter
Salz
Für den Belag:
500 g Steinpilze
1 Stange Lauch
2 EL Butter
Salz | Pfeffer
200 g Crème fraîche
125 g frisch geriebener Gruyère oder Bergkäse
3 EL gehackte Petersilie
Außerdem:
Mehl für die Arbeitsfläche
Butter für die Förmchen
Hülsenfrüchte zum Blindbacken
Zubereitung: ca. 1 Std.
Backen: insgesamt ca. 35 Min.
Pro Portion: ca. 580 kcal,
16 g EW, 42 g F, 33 g KH

1 Für den Teig das Mehl in eine Schüssel sieben und mit der Butter, 4 EL Wasser und 1 Prise Salz zu einem glatten Teig verkneten. Zu einer Kugel formen, in Frischhaltefolie wickeln und 30 Min. kühl stellen.

2 Inzwischen für den Belag die Steinpilze putzen, trocken abreiben und klein schneiden. Den Lauch putzen, waschen und in Ringe schneiden. Die Butter in einer großen Pfanne zerlassen, die Pilze und den Lauch darin anbraten. Mit Salz und Pfeffer würzen. Die Pfanne vom Herd nehmen und die Pilz-Lauch-Mischung etwas abkühlen lassen.

3 Den Backofen auf 200° (Umluft 180°) vorheizen. Den Teig auf der bemehlten Arbeitsfläche dünn ausrollen. Sechs kleine Tartelettförmchen (à 10 cm Ø) mit Butter einfetten und mit dem Teig auskleiden. Den überstehenden Teig jeweils abschneiden und die Teigböden mit einer Gabel mehrmals einstechen. Die Tarteletts mit Backpapier belegen, mit Hülsenfrüchten auffüllen und im vorgeheizten Ofen (Mitte) ca. 10 Min. blindbacken. Aus dem Ofen nehmen, das Backpapier mit den Hülsenfrüchten entfernen und die Törtchen leicht abkühlen lassen.

4 In einer Schüssel die Crème fraîche mit dem Gruyère und der Petersilie verrühren, mit Salz und Pfeffer kräftig würzen. Die Pilze und den Lauch untermischen. Die Masse auf die Törtchen verteilen und die Steinpilztörtchen im Ofen (Mitte) in ca. 25 Min. goldbraun backen.

Tipp **Natürlich können Sie die Törtchen auch mit anderen Pilzen zubereiten – ganz nach Saison und Geschmack. Servieren Sie dazu einen knackigen Blattsalat oder einen Tomatensalat mit Frühlingszwiebeln. Da die Steinpilztörtchen auch kalt sehr gut schmecken, eignen sie sich bestens als Snack für ein Picknick im Grünen.**

NUDELN, KARTOFFELN & CO.

Tagliatelle mit Steinpilzen

DER »KÖNIG DER PILZE« BITTET ZU TISCH

Für 4 Personen:
400 g Tagliatelle
Salz
400 g Steinpilze
1 Zwiebel
1 Knoblauchzehe
1–2 EL Öl
50 ml trockener Weißwein
200 g Sahne
2 EL gehackte Petersilie
1 Spritzer Zitronensaft
Pfeffer
frisch geriebene Muskatnuss
Zubereitung: ca. 35 Min.
Pro Portion: ca. 580 kcal, 19 g EW, 21 g F, 78 g KH

1 Die Tagliatelle in reichlich kochendem Salzwasser nach Packungsanweisung bissfest garen.

2 Inzwischen die Steinpilze putzen, trocken abreiben und längs in ca. 1 cm dicke Scheiben schneiden. Die Zwiebel und den Knoblauch schälen und fein würfeln. Das Öl in einer großen Pfanne erhitzen und die Pilze darin bei starker Hitze auf jeder Seite ca. 2 Min. braten. Zwiebel und Knoblauch dazugeben und kurz mitbraten.

3 Den Wein hinzufügen und kurz einköcheln lassen. Die Sahne dazugießen und ebenfalls leicht einköcheln lassen. Die Hälfte der Petersilie untermischen, die Steinpilzsauce mit Zitronensaft, Salz, Pfeffer und 1 Prise Muskatnuss würzen.

4 Die Tagliatelle in ein Sieb abgießen, abtropfen lassen und mit den Steinpilzen mischen. Mit der restlichen Petersilie garnieren und mit grob gemahlenem Pfeffer bestreuen.

Tipp **Nichts geht über selbst gemachte Nudeln. Die Zubereitung ist zwar etwas aufwendig, lohnt sich aber – vor allem, wenn man die Nudeln mit Pilzpulver aromatisiert. Für Steinpilztagliatelle 50 g getrocknete Steinpilze im Blitzhacker zu feinem Pulver mahlen. 100 g Mehl, 250 g Hartweizengrieß und das Steinpilzpulver mischen und in die Mitte eine Mulde drücken. 4 Eier in die Mulde aufschlagen, 1 Prise Salz hinzufügen und die Zutaten mit den Händen zu einem glatten Teig verkneten. Den Teig zu einer Kugel formen und in Frischhaltefolie gewickelt 1 Std. kühl stellen. Dann den Nudelteig halbieren, mit etwas Grieß bestreuen und mithilfe der Nudelmaschine zu dünnen Bahnen ausrollen. Die Teigbahnen in Streifen schneiden und in kochendem Salzwasser in ca. 4 Min. bissfest garen.**

Tagliatelle mit gefüllten Morcheln

DAS LASSEN SICH PILZLIEBHABER AUF DER ZUNGE ZERGEHEN

Für 4 Personen:
10 g getrocknete Spitzmorcheln
20 große frische Spitzmorcheln (ca. 8–10 cm lang)
50 g Champignons
1 kleine Schalotte
2 EL gehackte Kräuter (z. B. Kerbel, Petersilie, Schnittlauch)
200 g Sahne
100 g Kalbsbrät
Salz | Pfeffer
2 EL Butter (davon 1 EL kalte Butter)
100 ml trockener Sherry
400 g Tagliatelle
Zubereitung: ca. 1 Std. 20 Min.
Pro Portion: ca. 670 kcal, 69 g EW, 28 g F, 81 g KH

1 Die getrockneten Spitzmorcheln in 100 ml lauwarmem Wasser 30 Min. einweichen. Inzwischen die Stiele der frischen Spitzmorcheln abschneiden und fein hacken. Die Morcheln unter fließendem kaltem Wasser gründlich waschen und auf Küchenpapier abtropfen lassen. Die Champignons putzen, trocken abreiben und fein hacken (das geht am besten im Blitzhacker). Die Schalotte schälen und fein würfeln.

2 Den Backofen auf 220° (Umluft 200°) vorheizen. Die getrockneten Morcheln durch ein mit Küchenpapier ausgelegtes Sieb (oder einen Kaffeefilter mit Filterpapier) abgießen, dabei die Einweichflüssigkeit auffangen. Die Morcheln unter fließendem kaltem Wasser gründlich waschen, ausdrücken und klein schneiden, die Einweichflüssigeit beiseitestellen. Die eingeweichten Morcheln mit den Champignons, der Schalotte, den gehackten Morchelstielen, der Hälfte der gehackten Kräuter und 1 EL Sahne unter das Kalbsbrät mischen. Die Masse mit Salz und Pfeffer kräftig würzen.

3 Eine flache Auflaufform mit 1 EL Butter einfetten. Die Kalbsbrätmischung in einen Spritzbeutel mit Lochtülle geben und die Spitzmorcheln damit füllen. Die Pilze in die Form legen, mit dem Sherry und der beiseitegestellten Einweichflüssigkeit begießen und im vorgeheizten Ofen (Mitte) in ca. 15 Min. garen.

4 Inzwischen die Tagliatelle in reichlich kochendem Salzwasser nach Packungsanweisung bissfest garen.

5 Die gefüllten Morcheln aus der Form nehmen. Den Bratensatz in einen Rührbecher gießen, die restliche Sahne und die kalte Butter dazugeben. Die Sauce mit dem Stabmixer schaumig aufschlagen und die übrigen Kräuter untermischen. Mit Salz und Pfeffer abschmecken.

6 Die Tagliatelle in ein Sieb abgießen, abtropfen lassen und auf tiefe Teller verteilen, die Nudeln dabei nach Belieben zu Nestern drehen. Die gefüllten Morcheln längs halbieren und mit der Sauce auf den Tagliatelle anrichten.

Spaghetti mit Pilzsugo

DIESE PASTA MACHT PILZFANS GLÜCKLICH

Für 4 Personen:
25 g getrocknete Steinpilze
250 g Austernpilze
je 100 g Kräuterseitlinge und Egerlinge
2 Zwiebeln
1 Knoblauchzehe
3 EL Öl
Salz | Pfeffer
1/8 l trockener Weißwein
150 g Crème fraîche
400 g Spaghetti
80 g getrocknete Tomaten (in Öl)
4 EL gehackte Petersilie
50 g frisch geriebener Parmesan
Zubereitung: ca. 50 Min.
Pro Portion: ca. 702 kcal, 23 g EW, 29 g F, 80 g KH

1 Die getrockneten Steinpilze in 150 ml lauwarmem Wasser 30 Min. einweichen. Inzwischen die frischen Pilze putzen und trocken abreiben, die Strünke der Austernpilze abschneiden. Kleine Pilze ganz lassen, größere in Stücke oder Streifen schneiden. Die Zwiebeln und den Knoblauch schälen und fein würfeln. Das Öl in einer großen Pfanne erhitzen und die frischen Pilze darin bei starker Hitze ca. 2 Min. anbraten. Die Zwiebeln und den Knoblauch dazugeben und die Pilze weiterbraten, bis die Flüssigkeit vollständig verdampft ist. Mit Salz und Pfeffer würzen, aus der Pfanne nehmen und beiseitestellen.

2 Den Bratensatz mit dem Wein ablöschen. Die getrockneten Steinpilze samt Einweichflüssigkeit dazugeben. Die Crème fraîche unterrühren und alles bei starker Hitze ca. 8 Min. cremig einköcheln lassen.

3 Die Spaghetti in reichlich kochendem Salzwasser nach Packungsanweisung bissfest garen.

4 Die getrockneten Tomaten auf Küchenpapier abtropfen lassen und in Streifen schneiden. Die Tomaten mit den beiseitegestellten Pilzen und der Petersilie in die Sauce geben, unterrühren und kurz ziehen lassen. Den Pilzsugo mit Salz und Pfeffer würzen.

5 Die Spaghetti in ein Sieb abgießen und abtropfen lassen. Mit dem Pilzsugo in tiefen Tellern anrichten und mit dem Parmesan bestreuen.

Tipp Getrocknete Pilze sollte man immer nur in lauwarmem, auf keinen Fall in kochend heißem Wasser einweichen – sonst verlieren sie an Aroma. Bei sandigen Pilzen wie getrockneten Morcheln empfiehlt es sich, das Einweichwasser durch einen mit Filterpapier ausgelegten Kaffeefilter zu gießen (alternativ ein Sieb mit Küchenpapier auslegen). Wenn das Einweichwasser – anders als in diesem Rezept – nicht mit verwendet wird, kann man es in eine Eiswürfelform gießen und einfrieren. Dann hat man bei Bedarf einen prima Aromaspender für Suppen und Saucen zur Hand.

Perfekte Partner für Nudeln

Pilzpesto

Für 4 Personen | Zubereitung: ca. 30 Min.
Einweichen: 30 Min.
Pro Portion: ca. 370 kcal, 8 g EW, 36 g F, 5 g KH

20 g getrocknete Mischpilze in 100 ml lauwarmem Wasser 30 Min. einweichen. Die Pilze samt Einweichflüssigkeit aufkochen und die Flüssigkeit fast vollständig einkochen lassen. 1 EL Aceto balsamico unterrühren und ebenfalls einkochen lassen. Die Pilze lauwarm abkühlen lassen. 1 Knoblauchzehe schälen und grob zerkleinern. Je 1 Bund Petersilie und Rucola abbrausen und trocken schütteln. Die Petersilienblätter abzupfen, grobe Rucolastiele entfernen. Petersilie und Rucola fein hacken, mit den Pilzen, 50 g Pinienkernen, 1 EL frisch gepresstem Zitronensaft und etwas Olivenöl im Küchenmixer oder mit dem Stabmixer pürieren. Nach und nach 50 g frisch geriebenen Parmesan und ca. 100 ml Olivenöl hinzufügen und alles zu einer glatten Paste mixen. Mit Spaghetti anrichten.

Pilzragout

Für 4 Personen | Zubereitung: ca. 40 Min.
Pro Portion: ca. 265 kcal, 5 g EW, 20 g F, 6 g KH

600 g gemischte Pilze (z. B. Egerlinge, Champignons, Austernpilze) putzen und trocken abreiben. Die Strünke der Austernpilze abschneiden, alle Pilze in Stücke oder Streifen schneiden. 2 Schalotten und 1 Knoblauchzehe schälen und fein würfeln. In einer großen Pfanne 2 EL Butter zerlassen und die Pilze darin scharf anbraten. Schalotten und Knoblauch dazugeben und ca. 5 Min. mitbraten. Salzen und pfeffern. Mit ¼ l Wermut (Noilly Prat) und 1 EL frisch gepresstem Zitronensaft ablöschen. 200 g Sahne dazugießen und leicht einköcheln lassen. Nach Belieben 1 EL Speisestärke in wenig Wasser anrühren und die Sauce damit binden. Zuletzt 2 EL gehacktes Basilikum untermischen. Mit Bandnudeln servieren.

Trüffel-Sahnesauce

Für 4 Personen | Zubereitung: ca. 35 Min.
Pro Portion: ca. 315 kcal, 3 g EW, 30 g F, 3 g KH

1 Zwiebel schälen und fein würfeln. In einem Topf 2–3 EL Butter zerlassen und die Zwiebel darin andünsten. Mit 150 ml trockenem Weißwein ablöschen. 350 ml Geflügelbrühe dazugießen und die Flüssigkeit auf die Hälfte einköcheln lassen. 200 g Crème fraîche unterrühren und die Sauce mit Salz, Pfeffer und frisch geriebener Muskatnuss abschmecken. Den Topf vom Herd nehmen. Je 2 TL Trüffelöl (siehe Tipp Seite 23) und Trüffelbutter (Fertigprodukt) zur Sauce geben und die Sauce mit dem Stabmixer schaumig aufschlagen. Die Trüffel-Sahnesauce mit Spaghetti, Linguine oder Orecchiette servieren, nach Belieben schwarze Trüffel in hauchdünnen Scheiben darüberhobeln.

Pfifferling-Carbonara

Für 4 Personen | Zubereitung: ca. 40 Min.
Pro Portion: ca. 805 kcal, 25 g EW, 44 g F, 78 g KH

400 g Pfifferlinge putzen, trocken abreiben und je nach Größe ganz lassen oder klein schneiden. 100 g durchwachsenen Räucherspeck fein würfeln. 1 Zwiebel schälen und ebenfalls fein würfeln. ½ Bund Petersilie abbrausen und trocken schütteln, die Blätter abzupfen und fein hacken. 400 g Spaghetti nach Packungsanweisung in kochendem Salzwasser bissfest garen. Inzwischen 2 EL Öl in einer großen Pfanne erhitzen und die Pfifferlinge darin bei starker Hitze 2–3 Min. anbraten. Zwiebel und Speck dazugeben und einige Min. mitbraten. Mit Salz und Pfeffer würzen. 200 g Sahne mit 2 Eiern, 30 g frisch geriebenem Parmesan und der Petersilie verrühren, mit Salz, Pfeffer und Muskatnuss würzen. Die Spaghetti abgießen und abtropfen lassen, dabei etwas Nudelwasser auffangen. Spaghetti, Pilze, Nudelwasser und Eiermischung zurück in den Nudeltopf geben und gut verrühren. Vorsichtig erhitzen, bis die Sauce bindet (Achtung: Die Eiermasse darf dabei nicht stocken). Sofort servieren und nach Belieben mit frisch geriebenem Parmesan bestreuen.

PILZPESTO

TRÜFFEL-SAHNESAUCE

PILZRAGOUT

PFIFFERLING-CARBONARA

Pilzlasagne mit Gruyère

AROMATISCHE PILZE TREFFEN AUF WÜRZIGEN KÄSE

Für 4 Personen:
Für die Pilze:
20 g getrocknete Steinpilze
900 g gemischte Pilze
(z. B. Austernpilze, Pfifferlinge, Champignons, Kräuterseitlinge)
3 Stängel Petersilie
3 EL Butter
1–2 TL Thymianblättchen
Salz | Pfeffer
einige Spritzer Zitronensaft
Für die Käsesauce:
1 Schalotte
3 EL Butter
3 EL Mehl
400 ml Milch
Salz | Pfeffer
frisch geriebene Muskatnuss
250 g Ricotta
1 Eigelb (M)
150 g frisch geriebener Gruyère oder Bergkäse
Außerdem:
Fett für die Form
12–16 Lasagneblätter
1 Kugel Mozzarella (125 g)
50 g frisch geriebener Parmesan
Zubereitung: ca. 1 Std. 10 Min.
Backen: 50 Min.
Pro Portion: ca. 905 kcal,
48 g EW, 52 g F, 61 g KH

1 Für die Pilze die getrockneten Steinpilze in ¼ l lauwarmem Wasser 30 Min. einweichen. Inzwischen die frischen Pilze putzen und trocken abreiben. Die Strünke der Austernpilze abschneiden, alle Pilze klein schneiden. Die Petersilie abbrausen und trocken schütteln, die Blätter abzupfen und fein hacken.

2 Die getrockneten Steinpilze durch ein Sieb abgießen und gut ausdrücken, dabei die Einweichflüssigkeit auffangen. 200 ml Flüssigkeit abmessen und beiseitestellen. Die Steinpilze klein schneiden. Die Butter in einer großen Pfanne zerlassen, die eingeweichten und frischen Pilze darin portionsweise bei starker Hitze mit dem Thymian ca. 6 Min. braten. Mit Salz, Pfeffer und Zitronensaft würzen. Zuletzt die Petersilie unter die Pilze mischen.

3 Für die Käsesauce die Schalotte schälen und fein würfeln. Die Butter in einem Topf zerlassen und die Schalotte darin andünsten. Das Mehl unterrühren und kurz anschwitzen. Nach und nach die Milch und die Einweichflüssigkeit der Pilze dazugießen, dabei ständig rühren, damit sich keine Klümpchen bilden. Die Béchamelsauce aufkochen und bei mittlerer Hitze ca. 5 Min. köcheln lassen. Mit Salz, Pfeffer und Muskatnuss würzen und vom Herd nehmen.

4 Den Ricotta in einer Schüssel mit dem Eigelb verrühren. Von der Béchamelsauce 2 EL abnehmen und untermischen. Die Ricottamasse zur Sauce geben, den Gruyère hinzufügen und weiterrühren, bis er geschmolzen ist. Die Käsesauce mit Salz und Pfeffer abschmecken.

5 Den Backofen auf 180° (Umluft 160°) vorheizen. Eine rechteckige Auflaufform (24 x 32 cm) einfetten und lagenweise füllen: Den Boden der Form mit Lasagneblättern auslegen. Dann etwas von den gebratenen Pilzen und der Käsesauce darauf verteilen. Mit Lasagneblättern bedecken und so fortfahren, bis alle Zutaten aufgebraucht sind. Mit einer Schicht Käsesauce abschließen. Den Mozzarella abtropfen lassen und würfeln. Die Lasagne mit Mozzarella und Parmesan bestreuen und die Form mit Alufolie bedecken. Die Lasagne im vorgeheizten Ofen (Mitte) 40 Min. backen. Die Alufolie entfernen, die Ofentemperatur auf 220° erhöhen und die Lasagne in weiteren 10 Min. goldbraun backen.

Nudelauflauf mit Spinat und Pfifferlingen

EIN HEISS GELIEBTER OFEN-HIT FÜR DEN FAMILIENTISCH

Für 4 Personen:
400 g Fusilli
Salz
100 g junger Blattspinat
300 g Pfifferlinge
1 Schalotte
1 Knoblauchzehe
200 g Emmentaler (am Stück)
3 EL Butter
Pfeffer
1 Spritzer Zitronensaft
50 ml trockener Weißwein
200 g Sahne
100 ml Gemüsebrühe
frisch geriebene Muskatnuss
Zubereitung: ca. 45 Min.
Backen: 20 Min.
Pro Portion: ca. 800 kcal,
31 g EW, 39 g F, 78 g KH

1 Die Fusilli nach Packungsanweisung in kochendem Salzwasser bissfest garen. In ein Sieb abgießen und abtropfen lassen.

2 Den Spinat verlesen, waschen und trocken schütteln, grobe Stiele entfernen. Den Spinat in kochendem Salzwasser ca. 3 Min. blanchieren. Abgießen, kalt abschrecken und abtropfen lassen. Mit den Händen gut ausdrücken und grob hacken.

3 Die Pfifferlinge putzen und trocken abreiben, kleine Pilze ganz lassen, größere halbieren oder vierteln. Schalotte und Knoblauch schälen und fein würfeln. Den Emmentaler fein reiben.

4 Den Backofen auf 180° (Umluft 160°) vorheizen. In einer großen Pfanne 1 EL Butter zerlassen und die Pfifferlinge darin scharf anbraten. Mit Salz, Pfeffer und Zitronensaft würzen. Die Pilze aus der Pfanne nehmen und beiseitestellen.

5 Nochmals 1 EL Butter in der Pfanne zerlassen, Schalotte und Knoblauch darin andünsten. Den Spinat dazugeben, den Wein hinzufügen und kurz einköcheln lassen. Die Sahne und die Brühe hinzufügen und ebenfalls etwas einköcheln lassen. Die Spinatsauce mit Salz, Pfeffer und Muskatnuss abschmecken.

6 Eine Auflaufform mit der restlichen Butter einfetten. Die Nudeln und die Hälfte des geriebenen Käses mit der Spinatsauce mischen und in die Form geben. Die Pilze vorsichtig untermengen. Den Auflauf mit dem restlichen Käse bestreuen und im vorgeheizten Ofen (Mitte) in 20 Min. goldbraun backen.

Kartoffelravioli mit Steinpilzfüllung

FEINE FÜLLUNG IN KNUSPRIGER HÜLLE

Für 4 Personen:
Für die Ravioli:
750 g mehligkochende Kartoffeln
Salz
225 g Mehl
4 Eigelbe (M)
Salz | Pfeffer
frisch geriebene Muskatnuss
Für die Füllung:
300 g Steinpilze
1–2 TL Steinpilzpulver (siehe Seite 13)
1 Schalotte
½ Bund Petersilie
1 EL weiche Butter
1 EL Crème fraîche
2 Eigelbe (M)
Salz | Pfeffer
Für den Salat:
3 EL Estragonessig
Salz | Pfeffer
Zucker
je 2 EL Trauben- und Kürbiskernöl
200 g Eichblattsalat
Außerdem:
Mehl für die Arbeitsfläche
Öl zum Frittieren
Zubereitung: ca. 1 Std. 10 Min.
Pro Portion: ca. 660 kcal, 20 g EW, 34 g F, 69 g KH

1 Für die Ravioli die Kartoffeln waschen und mit Schale in Salzwasser in ca. 20 Min. weich garen. Inzwischen für die Füllung die Steinpilze putzen, trocken abreiben und klein schneiden. Mit dem Steinpilzpulver mischen. Die Schalotte schälen und fein würfeln. Die Petersilie abbrausen und trocken schütteln, die Blätter abzupfen und fein hacken. Die Pilze mit Schalottenwürfeln, Petersilie, Butter, Crème fraîche und Eigelben mischen. Mit Salz und Pfeffer würzen.

2 Die Kartoffeln abgießen, noch heiß pellen und leicht abkühlen lassen. Durch die Kartoffelpresse in eine Schüssel drücken. Das Mehl darübersieben und 2 Eigelbe hinzufügen. Die Masse mit Salz, Pfeffer und Muskatnuss würzen und zu einem glatten Teig verkneten. Den Kartoffelteig auf der bemehlten Arbeitsfläche ca. 3 mm dünn ausrollen und Kreise (à 10 cm Ø) ausstechen oder -schneiden. Die Teigkreise mit den restlichen verquirlten Eigelben bestreichen. Mit einem Löffel jeweils etwas Pilzfüllung in die Mitte der Kreise setzen und der Teig zu Taschen formen. Die Ränder mit einer Gabel fest andrücken.

3 Zum Frittieren reichlich Öl in der Fritteuse oder einem großen Topf auf 170° erhitzen und die Ravioli darin portionsweise in ca. 7 Min. goldbraun ausbacken. Herausheben und auf Küchenpapier abtropfen lassen.

4 Für den Salat den Essig mit Salz, Pfeffer und 1 Prise Zucker verrühren und die beiden Ölsorten unterschlagen. Die Salatblätter verlesen, waschen und trocken schleudern. Die Blätter in mundgerechte Stücke schneiden oder zupfen und mit dem Dressing mischen. Den Salat auf Teller verteilen und die Kartoffelravioli darauf anrichten.

Variante Champignonfüllung

250 g Champignons putzen, trocken abreiben und im Blitzhacker fein hacken. 1 Zwiebel schälen und fein würfeln. Je 75 g gekochten Schinken und durchwachsenen Räucherspeck würfeln und mit der Zwiebel in 1 EL Öl anbraten. Die Pilze dazugeben und kurz mitbraten. Mit Salz, Pfeffer und 1–2 EL frisch gepressten Zitronensaft würzen. 3 EL gehackte Petersilie unterrühren und abkühlen lassen.

Rösti mit Möhren-Maronen-Gemüse

EIN KULINARISCHES SOUVENIR AUS DER SCHWEIZ

Für 4 Personen:
Für das Gemüse:
300 g kleine Möhren
600 g Maronen
2 Zwiebeln
1 Bund Petersilie
2 EL Butter
Salz | Pfeffer
Zucker
¼ l Gemüsebrühe
2 EL gehackter Kerbel
Für die Rösti:
800 g festkochende Kartoffeln
Salz | Pfeffer
frisch geriebene Muskatnuss
Öl zum Braten
Zubereitung: ca. 1 Std.
Pro Portion: ca. 270 kcal,
4 g EW, 12 g F, 29 g KH

1 Für das Gemüse die Möhren schälen und in Scheiben schneiden. Die Maronen putzen, trocken abreiben und ebenfalls in Scheiben schneiden. Die Zwiebeln schälen und fein würfeln. Die Petersilie abbrausen und trocken schütteln, die Blätter abzupfen und fein hacken.

2 In einem Topf 1 EL Butter zerlassen und die Hälfte der Zwiebelwürfel darin andünsten. Die Möhrenscheiben dazugeben und kurz mitdünsten, mit Salz, Pfeffer und 1 Prise Zucker würzen. Mit der Brühe ablöschen und bei mittlerer Hitze 10 Min. köcheln lassen.

3 Die restliche Butter in einer großen Pfanne zerlassen und die Maronen darin bei starker Hitze 2–3 Min. anbraten. Die restlichen Zwiebelwürfel dazugeben und kurz mitbraten. Die gebratenen Pilze zu den Möhren geben. Die Petersilie und den Kerbel unterrühren. Das Gemüse mit Salz und Pfeffer würzen und warm halten.

4 Für die Rösti die Kartoffeln schälen, waschen und auf der Gemüsereibe in feine Streifen hobeln. Mit Salz, Pfeffer und 1 Prise Muskatnuss würzen und kurz ziehen lassen. Die Kartoffelstreifen mit den Händen gut ausdrücken.

5 Jeweils ca. 3 EL Öl in einer Pfanne erhitzen. Die Kartoffelstreifen nach und nach als Häufchen in die Pfanne geben, zu kleinen Fladen (mit ca. 8 cm Ø) flach drücken und bei mittlerer Hitze auf jeder Seite goldbraun braten. Die Rösti auf Küchenpapier abtropfen lassen und mit dem Möhren-Maronen-Gemüse anrichten.

Tipp **Man kann die Rösti auch aus gegarten Kartoffeln zubereiten. Dafür die Kartoffeln waschen und mit Schale in Salzwasser in ca. 20 Min. weich garen. Die Kartoffeln abgießen, noch heiß pellen und auf der Gemüsereibe in grobe Späne raspeln. Dann wie oben beschrieben weiterverfahren. Egal, ob man die Rösti aus rohen oder gegarten Kartoffeln zubereitet – man kann sie ganz nach Geschmack variieren, indem man z. B. kross gebratene Speckwürfel, Zwiebeln oder gehackte Kräuter unter die Kartoffelmasse mischt.**

Basics aus Pilzen und Kartoffeln

Pilz-Kartoffelpüree

Für 4 Personen | Zubereitung: ca. 40 Min.
Pro Portion: ca. 155 kcal, 6 g EW, 3 g F, 25 g KH

20 g getrocknete Steinpilze in 100 ml lauwarmem Wasser 30 Min. einweichen. Inzwischen 800 g mehligkochende Kartoffeln schälen, waschen und in Salzwasser in ca. 20 Min. weich garen. Die Kartoffeln abgießen und ausdampfen lassen. Die Pilze durch ein Sieb abgießen und ausdrücken, dabei die Einweichflüssigkeit auffangen. ⅛ l Milch erwärmen. Kartoffeln und Pilze in eine Schüssel geben und mit dem Kartoffelstampfer zerdrücken. Die Milch, 1 EL Butter und so viel Pilz-Einweichflüssigkeit unterrühren, bis das Püree cremig ist. Mit Salz, Pfeffer und frisch geriebener Muskatnuss abschmecken.

Pilz-Kartoffelgulasch

Für 4 Personen | Zubereitung: ca. 50 Min.
Pro Portion: ca. 110 kcal, 9 g EW, 3 g F, 11 g KH

1 kg gemischte Pilze (z. B. Champignons, Egerlinge, Kräuterseitlinge, Pfifferlinge) putzen, trocken abreiben und je nach Größe ganz lassen oder in Stücke schneiden. 1 Zwiebel und 1 Knoblauchzehe schälen und fein würfeln. 1 Stange Lauch putzen, waschen und in Ringe schneiden. 200 g festkochende Kartoffeln schälen, waschen und in Würfel schneiden. In einem Topf 1 EL Butter zerlassen, Zwiebel, Knoblauch und Lauch darin andünsten. Die Kartoffelwürfel dazugeben und kurz mitdünsten. Die Pilze hinzufügen und andünsten. 1 TL Tomatenmark unterrühren, mit ½ TL Kümmelsamen, Salz, Pfeffer, edelsüßem Paprikapulver und 1 Spritzer Zitronensaft würzen. ½ l heiße Gemüsebrühe angießen und das Pilz-Kartoffelgulasch zugedeckt bei mittlerer Hitze ca. 10 Min. garen, bis die Kartoffeln weich sind.

Pfifferling-Bratkartoffeln

Für 4 Personen | Zubereitung: ca. 35 Min.
Pro Portion: ca. 300 kcal, 6 g EW, 18 g F, 27 g KH

800 g gegarte festkochende Kartoffeln (vom Vortag) pellen und in ca. 2 mm dicke Scheiben schneiden. 200 g Pfifferlinge putzen, trocken abreiben und je nach Größe ganz lassen oder in Stücke schneiden. 50 g durchwachsenen Räucherspeck in feine Würfel schneiden. 1 Zwiebel und 1 Knoblauchzehe schälen und ebenfalls fein würfeln. 2 Zweige Majoran abbrausen, trocken schütteln und die Blättchen abzupfen. In einer großen Pfanne 3 EL Butterschmalz zerlassen und die Kartoffelscheiben darin bei mittlerer Hitze ca. 5 Min. anbraten. Die Speckwürfel dazugeben, die Kartoffeln wenden und weitere 5 Min. braten, bis sie knusprig sind. Inzwischen in einer zweiten Pfanne 1 EL Butter zerlassen, die Pfifferlinge darin mit Zwiebel und Knoblauch braten. Die Pilze zu den gebratenen Kartoffeln geben und untermischen. Mit Salz und Pfeffer würzen und mit Majoran bestreuen.

Steinpilz-Kartoffelgratin

Für 4 Personen | Zubereitung: ca. 35 Min.
Backen: ca. 40 Min.
Pro Portion: ca. 345 kcal, 10 g EW, 22 g F, 26 g KH

Den Backofen auf 180° (Umluft 160°) vorheizen. Eine flache Auflaufform mit Butter einfetten. 800 g vorwiegend festkochende Kartoffeln schälen, waschen und in ca. 2 mm dicke Scheiben schneiden. 400 g Steinpilze putzen, trocken abreiben und längs in dünne Scheiben schneiden. Die Kartoffel- und Steinpilzscheiben abwechselnd dachziegelartig in die Form schichten. 250 g Sahne mit Salz, Pfeffer und frisch geriebener Muskatnuss würzen, über die Kartoffeln und Pilze gießen. Das Steinpilz-Kartoffelgratin im vorgeheizten Ofen (Mitte) in ca. 40 Min. goldbraun backen. Als vegetarisches Hauptgericht mit einem gemischten Salat servieren. Als Beilage zu kurz gebratenem oder gegrilltem Fleisch reicht das Gratin für 6 bis 8 Personen.

PILZ-KARTOFFELPÜREE

PFIFFERLING-BRATKARTOFFELN

PILZ-KARTOFFELGULASCH

STEINPILZ-KARTOFFELGRATIN

Pfifferlingknödel

DEFTIG AUFGETISCHT

Für 4 Personen:
9 Brötchen (vom Vortag)
½ l lauwarme Milch | 250 g Pfifferlinge
1 Zwiebel | 2 EL Öl
3 EL gehackte Petersilie
1 TL Thymianblättchen
4 Eier (M) | Salz | Pfeffer
100 g durchwachsener Räucherspeck
Zubereitung: ca. 50 Min.
Abkühlen: 30 Min.
Pro Portion: ca. 640 kcal, 24 g EW, 33 g F, 62 g KH

1 Die Brötchen in Scheiben schneiden, mit der lauwarmen Milch übergießen und 20 Min. einweichen. Inzwischen die Pfifferlinge putzen, trocken abreiben und je nach Größe ganz lassen oder klein schneiden. Die Zwiebel schälen und fein würfeln. In einer großen Pfanne 1 EL Öl erhitzen, die Pilze darin scharf anbraten. Zwiebel dazugeben und kurz mitbraten, die Kräuter untermischen. Die Pilze mit den Eiern zu den eingeweichten Brötchen geben und mit den Händen zu einer glatten Masse verkneten. Salzen und pfeffern.

2 Aus der Pilzmasse acht Knödel formen. In einem Topf reichlich Salzwasser aufkochen und die Knödel darin zugedeckt bei mittlerer Hitze in 15–20 Min. gar ziehen lassen. Mit dem Schaumlöffel herausheben, abtropfen und ca. 30 Min. abkühlen lassen.

3 Den Speck würfeln und in 1 EL Öl knusprig braten. Aus der Pfanne nehmen und auf Küchenpapier abtropfen lassen. Die Knödel in ca. 2 cm dicke Scheiben schneiden und portionsweise im verbliebenen Bratfett auf jeder Seite in ca. 3 Min. goldbraun braten. Eventuell etwas Öl hinzufügen. Die Knödel mit dem Speck bestreuen. Dazu passt Feld- oder Blattsalat.

Pilzschmarren

ZÜNFTIGER HÜTTENSCHMAUS

Für 4 Personen:
4 Eier (M) | 150 g Mehl | ¼ l Milch
4 EL Sahne | 1 TL Puderzucker
600 g gemischte Pilze (z. B. Steinpilze, Pfifferlinge, Kräuterseitlinge)
1 EL Butter | Salz | Pfeffer
1 Bund Schnittlauch
150 g Crème fraîche
einige Spritzer Zitronensaft
Zubereitung: ca. 45 Min.
Pro Portion: ca. 480 kcal, 20 g EW, 29 g F, 35 g KH

1 Die Eier trennen und 2 Eiweiße kühl stellen (die restlichen Eiweiße anderweitig verwenden). Mehl mit Eigelben, Milch, Sahne, Puderzucker und 1 Prise Salz zu einem glatten Teig verrühren; 20 Min. quellen lassen.

2 Inzwischen die Pilze putzen, trocken abreiben und klein schneiden. Die Butter in einer großen, ofenfesten Pfanne zerlassen und die Pilze darin bei starker Hitze ca. 10 Min. braten. Mit Salz und Pfeffer würzen.

3 Den Backofen auf 180° vorheizen. Die kühl gestellten Eiweiße mit 1 Prise Salz steif schlagen und unter den Teig heben. Den Schmarrenteig über den Pilzen in der Pfanne verteilen und leicht anbacken. Den Schmarren im Ofen (Mitte) in ca. 10 Min. goldbraun fertig backen.

4 Den Schnittlauch abbrausen, trocken schütteln und in feine Röllchen schneiden. Die Crème fraîche mit dem Schnittlauch verrühren, mit Zitronensaft, Salz und Pfeffer abschmecken. Den Pilzschmarren aus dem Ofen nehmen und mit zwei Gabeln vorsichtig in mundgerechte Stücke reißen. Mit der Schnittlauchcreme servieren.

OBEN: PILZSCHMARREN | UNTEN: PFIFFERLINGKNÖDEL

Pilzstrudel auf Wildkräutersalat

DAS DUFTET NACH WALD UND WIESE

Für 4 Personen:

Für den Strudel:

500 g gemischte Waldpilze (z. B. Hirtenpilze, Herbsttrompeten, Winterlinge, Semmelstoppel)
1 Zwiebel
1 hart gekochtes Ei
½ Bund Dill
2 EL Butter
5 EL gegarter Reis
3 EL Sahne
1–2 TL Steinpilzpulver (siehe Seite 13)
Salz | Pfeffer
2 Rollen frischer Blätterteig (à ca. 275 g; aus dem Kühlregal)
1 Ei (M)

Für den Salat:

200 g Wildkräuter (z. B. Löwenzahn, Sauerampfer, Brunnenkresse)
2 EL frisch gepresster Zitronensaft
Salz | Pfeffer
getrocknete Chiliflocken
3 EL Olivenöl

Zubereitung: ca. 50 Min.
Abkühlen: 30 Min.
Backen: 20–30 Min.
Pro Portion: ca. 620 kcal, 15 g EW, 43 g F, 44 g KH

1 Für den Strudel die Pilze putzen, trocken abreiben und klein schneiden. Die Zwiebel schälen und fein würfeln. Das hart gekochte Ei pellen und grob würfeln. Den Dill abbrausen und trocken schütteln, die Spitzen abzupfen und fein hacken.

2 Die Butter in einer Pfanne zerlassen und die Pilze darin scharf anbraten. Die Zwiebel hinzufügen und die Pilze so lange weiterbraten, bis die Flüssigkeit vollständig verdampft ist. Ei, Reis, Sahne und Steinpilzpulver unter die Pilze mischen und unter Rühren 3 Min. weiterbraten. Den Dill hinzufügen. Die Pilzmischung mit Salz und Pfeffer würzen und 30 Min. abkühlen lassen.

3 Den Backofen auf 200° (Umluft 180°) vorheizen. Ein Backblech mit Backpapier auslegen und die Blätterteigplatten nebeneinander leicht überlappend darauflegen. Die Pilzmasse in einem langen Strang mittig auf dem Teig verteilen, den Teig über der Füllung einschlagen und die offenen Seiten fest andrücken. Die Nahtseite nach unten drehen und den Strudel mit dem verquirlten Ei bestreichen. Im vorgeheizten Ofen (Mitte) in 20–30 Min. goldbraun backen.

4 Für den Salat die Kräuter verlesen, waschen und trocken schleudern. Für das Dressing den Zitronensaft mit Salz, Pfeffer und 1 Prise Chiliflocken verrühren, zuletzt das Olivenöl unterschlagen. Das Dressing über den Salat träufeln und untermischen.

5 Den Pilzstrudel aus dem Ofen nehmen und leicht abkühlen lassen. In Scheiben schneiden und mit dem Wildkräutersalat anrichten.

Buntes Wokgemüse

KÖSTLICH FERNÖSTLICH

Für 4 Personen:
50 g getrocknete Mu-Err-Pilze
150 g Zuckerschoten
150 g Brokkoli
1 kleiner Zucchino
2 Möhren
150 g kleine Shiitake-Pilze
2 Knoblauchzehen
1 haselnussgroßer Ingwer
1 milde Chilischote
300 g Duftreis | Salz
2–3 EL Sesam- oder Erdnussöl
2 EL Sojasauce
½ EL frisch gepresster Zitronensaft
Zubereitung: ca. 50 Min.
Pro Portion: ca. 410 kcal, 10 g EW, 7 g F, 76 g KH

1 Die getrockneten Mu-Err-Pilze in lauwarmem Wasser 30 Min. einweichen. Inzwischen das Gemüse putzen und waschen bzw. schälen. Die Zuckerschoten schräg halbieren, den Brokkoli in Röschen teilen. Zucchino und Möhren in ca. 5 cm lange, dünne Stifte schneiden. Die Shiitake-Pilze putzen, trocken abreiben und die Stiele herausdrehen.

2 Knoblauch und Ingwer schälen und fein würfeln. Die Chilischote längs halbieren, entkernen, waschen und fein hacken. Die Mu-Err-Pilze abgießen, unter fließendem kaltem Wasser gründlich waschen, ausdrücken und in Streifen schneiden.

3 Den Reis nach Packungsanweisung in Salzwasser garen.

4 Den Wok auf dem Herd heiß werden lassen und das Öl hineingeben. Zunächst die Zuckerschoten in den Wok geben und ca. 2 Min. unter Rühren braten. Dann die Mu-Err-Pilze und das restliche Gemüse hinzufügen und unter Rühren in 6–8 Min. bissfest braten. Nach 4 Min. Knoblauch, Ingwer und Chili hinzufügen und mitbraten.

5 Das Wokgemüse mit Sojasauce und Zitronensaft abschmecken und mit dem Reis auf Tellern oder in Schälchen anrichten.

Tipp Da sich in getrockneten Mu-Err-Pilzen oft kleine Steinchen oder Sand verstecken, sollte man die Pilze nach dem Einweichen unbedingt gründlich waschen. Wer das Wokgemüse variieren möchte, kann die Shiitake-Pilze durch andere Pilzsorten wie Reisstrohlinge oder Pioppini ersetzen. Auch die Gemüsesorten lassen sich ganz nach Geschmack und persönlichen Vorlieben austauschen: Sehr gut eignen sich z. B. Paprikaschoten oder Frühlingszwiebeln. Wer dem Wokgemüse mehr Biss geben möchte, kann es mit gerösteten und grob gehackten Cashewkernen bestreuen. Je nach Größe des Woks empfiehlt es sich, das Gemüse in zwei Portionen zu braten.

Risotto mit Steinpilzen

WUNDERBAR CREMIG UND IMMER WIEDER EIN HIGHLIGHT

Für 4 Personen:
ca. 700 ml Gemüsebrühe
15 g getrocknete Steinpilze
1 Zwiebel
2 EL Olivenöl
300 g Risottoreis (z. B. Arborio)
1 EL gehackter Rosmarin
¼ l trockener Weißwein
500 g frische Steinpilze
1 Knoblauchzehe
1 EL Thymianblättchen
4 EL gehackte Petersilie
Salz | Pfeffer
einige Spritzer Zitronensaft
2 EL Butter
60 g frisch geriebener Parmesan
Zubereitung: ca. 35 Min.
Pro Portion: ca. 495 kcal,
19 g EW, 14 g F, 64 g KH

1 Die Brühe in einem Topf erhitzen und warm halten. Die getrockneten Steinpilze im Blitzhacker zu feinem Pulver mahlen. Die Zwiebel schälen und fein würfeln.

2 In einem Topf 1 EL Olivenöl erhitzen und die Zwiebel darin unter Rühren mit dem Steinpilzpulver andünsten. Reis und Rosmarin hinzufügen und unter Rühren mitdünsten, bis die Reiskörner glasig sind. Mit dem Wein ablöschen und die Flüssigkeit unter Rühren einkochen lassen. So viel heiße Brühe angießen, dass der Reis bedeckt ist. Den Reis offen bei mittlerer Hitze unter häufigem Rühren in ca. 20 Min. bissfest garen. Dabei immer wieder etwas heiße Brühe angießen, sobald sie vom Reis fast aufgesogen ist.

3 Die frischen Steinpilze putzen und trocken abreiben, einige schöne Pilze längs in ca. 2 cm dicke Scheiben schneiden und beiseitestellen. Die restlichen Pilze klein schneiden, nach ca. 15 Min. zum Risotto geben und mitgaren. Den Knoblauch schälen und fein hacken. Das restliche Olivenöl in einer großen Pfanne erhitzen und die Pilzscheiben darin bei starker Hitze auf jeder Seite ca. 2 Min. braten. Den Knoblauch dazugeben und kurz mitbraten. Jeweils die Hälfte des Thymians und der Petersilie untermischen und die Pilze mit Salz, Pfeffer und Zitronensaft würzen.

4 Die Butter, 40 g Parmesan und die restlichen Kräuter unter den Risotto rühren, mit Salz und Pfeffer abschmecken. Den Risotto auf tiefe Teller verteilen und die gebratenen Steinpilze darauf anrichten. Mit dem restlichen Parmesan bestreuen.

Tipp Beim Risottokochen ist es wichtig, heiße Brühe anzugießen – sonst unterbricht man immer wieder den Garprozess. Durch häufiges Rühren wird die Stärke aus den Reiskörnern gelöst, und der Risotto wird wunderbar cremig. Man kann für dieses Rezept auch Pfifferlinge statt Steinpilze verwenden und die Gemüsebrühe durch Geflügelbrühe ersetzen.

Pizza »trompeto« mit Schinken

WÜRDE AUCH IN NEAPEL FURORE MACHEN

Für 4 Personen:

Für den Teig:

10 g getrocknete Herbsttrompeten
½ Würfel frische Hefe (21 g)
350 g Mehl
1 TL Salz
2 EL Olivenöl

Für den Belag:

400 g frische Herbsttrompeten
1 Zwiebel
2 Knoblauchzehen
2 EL Olivenöl
Salz | Pfeffer
400 g geschälte Tomaten (aus der Dose)
½ Bund Basilikum
100 g rohe Schinkenstreifen
200 g Mozzarella
je 2 Zweige Majoran und Oregano

Außerdem:

Öl für das Backblech
Mehl für die Arbeitsfläche

Zubereitung: ca. 1 Std. 10 Min.
Einweichen: 1 Std.
Backen: ca. 20 Min.
Pro Portion: ca. 620 kcal, 30 g EW, 25 g F, 68 g KH

1 Für den Teig die getrockneten Herbsttrompeten im Mörser grob zerstoßen und in 150 ml lauwarmem Wasser 1 Std. einweichen. Durch ein feines Sieb abgießen und abtropfen lassen.

2 Die Hefe zerbröckeln und in 150 ml warmem Wasser auflösen. Mehl und Salz in einer großen Schüssel mischen, das Hefewasser und das Olivenöl dazugeben und alles zu einem glatten Teig verkneten. Die abgetropften Herbsttrompeten unterkneten und den Teig in der Schüssel mit Frischhaltefolie bedeckt an einem warmen Ort 30 Min. gehen lassen.

3 Inzwischen für den Belag die frischen Herbsttrompeten putzen, trocken abreiben und klein schneiden. Die Zwiebel und den Knoblauch schälen und fein würfeln. In einer großen Pfanne 1 EL Olivenöl erhitzen und die Pilze darin bei starker Hitze anbraten. Mit Salz und Pfeffer würzen und aus der Pfanne nehmen.

4 Das restliche Olivenöl in der Pfanne erhitzen, Zwiebel und Knoblauch darin andünsten. Die Dosentomaten samt Saft hinzufügen. Die Tomaten mit einem Kochlöffel zerkleinern und ca. 15 Min. einköcheln lassen, bis die Flüssigkeit fast vollständig verdampft ist. Das Basilikum abbrausen und trocken schütteln, die Blätter abzupfen und in Streifen schneiden. Am Ende der Garzeit unter die Tomatensauce rühren, die Sauce mit Salz und Pfeffer würzen.

5 Ein Backblech mit Öl einfetten. Den Backofen auf 220° (Umluft 200°) vorheizen. Den Teig auf der bemehlten Arbeitsfläche ausrollen und das Backblech damit auslegen (oder den Teig vierteln und zu Kreisen ausrollen). Die Tomatensauce auf dem Teig verteilen, dabei rundherum einen Rand frei lassen. Mit den gebratenen Herbsttrompeten und den Schinkenstreifen belegen. Den Mozzarella abtropfen lassen, in Scheiben schneiden und auf der Pizza verteilen. Die Kräuter abbrausen und trocken schütteln, die Blätter abzupfen und über die Pizza streuen.

6 Die Pizza »trompeto« im vorgeheizten Ofen (unten) ca. 20 Min. backen. Vor dem Servieren nach Belieben mit Olivenöl beträufeln.

Calzone mit Waldpilzen

EINE TASCHE VOLLER GUTER ZUTATEN

Für 4 Personen:

Für den Teig:
½ Würfel frische Hefe (21 g)
350 g Mehl
1 TL Salz
2 EL Olivenöl

Für die Füllung:
4 Knoblauchzehen
3 EL Olivenöl
400 g geschälte Tomaten (aus der Dose)
½ Bund Basilikum
Salz | Pfeffer
200 g junger Blattspinat
400 g Waldpilze (z. B. Pfifferlinge, Steinpilze, Herbsttrompeten, Maronen)
2–3 Stängel Thymian
2 EL Butter
1 Kugel Mozzarella (125 g)

Außerdem:
Öl für das Backblech
Mehl für die Arbeitsfläche
2 EL Olivenöl zum Bestreichen

Zubereitung: ca. 1 Std. 10 Min.
Backen: ca. 20 Min.
Pro Portion: ca. 655 kcal, 23 g EW, 32 g F, 68 g KH

1 Für den Teig die Hefe zerbröckeln und in 150 ml warmem Wasser auflösen. Mehl und Salz in einer großen Schüssel mischen, Hefewasser und Olivenöl dazugeben. Alles zu einem glatten Teig verkneten und mit Frischhaltefolie bedeckt an einem warmen Ort 30 Min. gehen lassen.

2 Inzwischen für die Füllung 2 Knoblauchzehen schälen und fein würfeln. Das Olivenöl in einer großen Pfanne erhitzen, den Knoblauch darin andünsten. Die Dosentomaten samt Saft hinzufügen. Die Tomaten mit einem Kochlöffel zerkleinern und ca. 15 Min. einköcheln lassen, bis die Flüssigkeit fast vollständig verdampft ist. Basilikum abbrausen und trocken schütteln, die Blätter abzupfen und in Streifen schneiden. Am Ende der Garzeit unter die Tomatensauce rühren, die Sauce mit Salz und Pfeffer würzen. Spinat verlesen, waschen und trocken schleudern.

3 Den Backofen auf 220° (Umluft 200°) vorheizen. Die Pilze putzen, trocken abreiben und klein schneiden. Den Thymian abbrausen und trocken schütteln, die Blättchen abzupfen und fein hacken. Den restlichen Knoblauch schälen und fein würfeln. Die Butter in einer großen Pfanne zerlassen und die Pilze darin scharf anbraten. Den Knoblauch dazugeben und kurz mitbraten. Thymian untermischen, mit Salz und Pfeffer würzen. Die Tomatensauce zu den Pilzen geben, den Spinat hinzufügen und ca. 4 Min. mitköcheln lassen. Die Sauce etwas abkühlen lassen.

4 Ein Backblech mit Öl einfetten. Den Mozzarella abtropfen lassen und in Würfel schneiden. Den Teig auf der bemehlten Arbeitsfläche rund ausrollen (ca. 35 cm Ø) und auf das Blech legen. Die Pilzsauce auf einer Teighälfte verteilen, dabei einen Rand frei lassen. Die Sauce mit dem Mozzarella bestreuen, die andere Teighälfte über die Füllung klappen und den Rand fest andrücken. Die Calzone mit Olivenöl bestreichen und im vorgeheizten Ofen (Mitte) in ca. 20 Min. goldbraun backen.

Tipp Statt einer großen Calzone kann man auch vier kleine Teigtaschen zubereiten. Dafür einfach den Hefeteig vierteln und auf der bemehlten Arbeitsfläche jeweils rund ausrollen. Dann wie in Schritt 4 beschrieben belegen und backen.

FISCH-GERICHTE

Gefüllte Lachsforelle im Salzmantel

SANFT GEGART IM AROMASCHUTZMANTEL

Für 4 Personen:
1 Brötchen (vom Vortag)
1 kleine Zwiebel
150 g Semmelstoppel oder Pfifferlinge
2 EL Butter
1 TL Tomatenmark
4 EL Sahne
2 EL gehackte Kräuter (z. B. Dill, Schnittlauch, Petersilie)
2 EL Semmelbrösel
200 g Lachsfilet
Salz | Pfeffer
1 große Lachsforelle (küchenfertig; ca. 1,2 kg)
Saft von 1 Zitrone
ca. 2 kg grobes Meersalz
3 Eiweiße
Zubereitung: ca. 50 Min.
Garen: ca. 30 Min.
Pro Portion: ca. 440 kcal, 40 g EW, 26 g F, 8 g KH

1 Backofen auf 220° (Umluft 200°) vorheizen. Das Brötchen in kaltem Wasser einweichen. Die Zwiebel schälen und fein würfeln. Die Semmelstoppel putzen, trocken abreiben und klein schneiden. 1 EL Butter in einer Pfanne zerlassen, die Zwiebel darin dünsten. Die Hälfte der Semmelstoppel dazugeben und ca. 5 Min. mitbraten.

2 Das eingeweichte Brötchen gut ausdrücken und in einer Schüssel mit Tomatenmark, Sahne, Kräutern und Semmelbröseln mischen. Das Lachsfilet unter fließendem kaltem Wasser waschen und mit Küchenpapier trocken tupfen. Mit einem scharfen Messer zunächst in kleine Würfel schneiden, dann fein hacken. Das Fischfilet mit den gebratenen Pilzen zur Brötchenmasse geben und alles gründlich mischen. Mit Salz und Pfeffer würzen.

3 Die Lachsforelle unter fließendem kaltem Wasser innen und außen waschen und mit Küchenpapier trocken tupfen. Mit dem Zitronensaft beträufeln, mit Salz und Pfeffer würzen. Die Bauchhöhle des Fischs mit der Pilzmasse füllen und mit kleinen Holzspießen verschließen.

4 Für den Salzmantel das Meersalz und die Eiweiße in einer Schüssel verrühren, sodass eine formbare Masse entsteht. Eventuell etwas Wasser hinzufügen, die Masse sollte jedoch nicht zu weich sein. Ein Backblech mit Backpapier auslegen. Die Hälfte der Salzmischung so auf das Papier häufen und verteilen, dass sie ungefähr die Form der Lachsforelle hat. Den gefüllten Fisch daraufsetzen und mit der restlichen Salzmasse gleichmäßig bedecken. Die Lachsforelle im vorgeheizten Ofen (Mitte) in ca. 30 Min. garen.

5 Kurz vor Ende der Garzeit die restliche Butter in einer Pfanne zerlassen und die übrigen Pilze darin bei starker Hitze braten. Mit Salz und Pfeffer würzen.

6 Die Lachsforelle aus dem Ofen nehmen und die Salzkruste aufklopfen oder mit einem Sägemesser aufschneiden. Den Fisch häuten und die Filets auslösen, mit der Füllung und den gebratenen Pilzen anrichten. Dazu passt knuspriges Baguette.

Heilbutt in Folie mit Kräutern und Champignons

ÜBERRASCHUNGSPÄCKCHEN AUS DEM OFEN

Für 4 Personen:
600 g Heilbuttfilet
Saft von 1 Zitrone
500 g Champignons
2–3 Stängel Estragon
je 1 Bund Petersilie und Schnittlauch
2 Schalotten
2 EL Butter
Salz
160 ml trockener Weißwein
8 EL Sahne
Zubereitung: ca. 25 Min.
Garen: 20–25 Min.
Pro Portion: ca. 300 kcal, 35 g EW, 13 g F, 4 g KH

1 Das Heilbuttfilet waschen und mit Küchenpapier trocken tupfen. In 4–5 cm breite Streifen schneiden und mit dem Zitronensaft beträufeln. Die Champignons putzen, trocken abreiben und in dünne Scheiben schneiden.

2 Die Kräuter abbrausen und trocken schütteln. Die Estragon- und Petersilienblätter abzupfen und fein hacken, den Schnittlauch in feine Röllchen schneiden. Die Schalotten schälen, fein würfeln und mit den Kräutern mischen.

3 Den Backofen auf 200° (Umluft 180°) vorheizen. Vier Blätter Alufolie nebeneinanderlegen, die Folienstücke jeweils in der Mitte mit Butter einfetten und die Seiten hochklappen, sodass Schalen entstehen. Die Pilzscheiben und die Kräuter-Schalotten-Mischung darauf verteilen und mit den Fischstreifen belegen. Mit Salz würzen und jedes Fischpäckchen mit jeweils ca. 4 EL Wein und 2 EL Sahne beträufeln. Die Alufolie über den Zutaten zusammenfalten und die Ränder fest zusammendrücken. Die Fischpäckchen auf ein Backblech setzen und im vorgeheizten Ofen (Mitte) in 20–25 Min. garen.

4 Die Fischpäckchen aus dem Ofen nehmen und die Folie mit einem Messer aufschneiden. Den Fisch mit den Pilzen und Kräutern servieren. Dazu passen gedämpfte Kartoffeln oder Reis.

Tipp **Man kann für dieses Rezept statt Champignons auch andere Zuchtpilze wie Austernpilze oder Shiitake-Pilze verwenden. Für Gäste sieht es dekorativer aus, wenn man den Fisch mit der Pilz-Kräuter-Mischung nicht in Alufolie, sondern in Pergament gart. Dafür acht Bögen Pergamentpapier zurechtschneiden und je zwei Bögen aufeinanderlegen. Die Zutaten daraufsetzen und das Papier über dem Fisch jeweils gut verschließen. Die Enden an den Seiten mit Küchengarn – wie bei einem Bonbon – zubinden. Die Fischpäckchen aus dem Ofen nehmen und erst bei Tisch öffnen.**

Rotbarsch mit Tomaten und Pilz-Kartoffeln

MIT DIESEM GERICHT ANGELT MAN LEICHT KOMPLIMENTE

Für 4 Personen:
1 Schalotte
1 Lorbeerblatt
1 Gewürznelke
ca. 50 g Butter
ca. 20 g Mehl
400 ml Milch
600 g gegarte festkochende Kartoffeln (vom Vortag)
400 g Kräuterseitlinge
150 g Strauchtomaten
1 Bund Petersilie
3 EL Olivenöl
Salz | Pfeffer
4 Rotbarschfilets (à ca. 150 g)
einige Spritzer Zitronensaft
Mehl zum Bestäuben
Zubereitung: ca. 45 Min.
Pro Portion: ca. 565 kcal, 40 g EW, 27 g F, 39 g KH

1 Die Schalotte schälen, das Lorbeerblatt darauflegen und mit der Nelke feststecken. In einem Topf die Hälfte Butter zerlassen, das Mehl unterrühren und kurz anschwitzen. Nach und nach die Milch dazugießen, dabei ständig rühren, damit sich keine Klümpchen bilden. Die gespickte Schalotte hinzufügen und die Béchamelsauce bei schwacher Hitze ca. 20 Min. leicht köcheln lassen, dabei öfter umrühren.

2 Inzwischen die Kartoffeln pellen und in grobe Würfel schneiden. Die Kräuterseitlinge putzen, trocken abreiben und längs in dünne Scheiben schneiden. Die Tomaten kurz überbrühen, kalt abschrecken, häuten, vierteln, entkernen und würfeln. Die Petersilie abbrausen und trocken schütteln, die Blätter abzupfen und fein hacken.

3 In einer großen Pfanne 2 EL Olivenöl und die restliche Butter erhitzen und die Kartoffelwürfel darin bei mittlerer Hitze in 5 Min. goldbraun und knusprig braten. Die Kräuterseitlinge nach 3 Min. dazugeben und mitbraten, mit Salz und Pfeffer würzen und warm halten.

4 Die Rotbarschfilets waschen und mit Küchenpapier trocken tupfen. Die Filets mit Salz würzen, mit etwas Zitronensaft beträufeln und leicht mit Mehl bestäuben. Das restliche Olivenöl in einer zweiten großen Pfanne erhitzen. Die Fischfilets darin bei mittlerer Hitze auf jeder Seite 3–4 Min. braten und herausnehmen.

5 Die restliche Butter in der Pfanne aufschäumen lassen. Die Tomatenwürfel und die Hälfte der Petersilie hinzufügen und kurz in der Butter schwenken. Die gespickte Schalotte aus der Béchamelsauce entfernen, die Sauce mit Salz, Pfeffer und Zitronensaft abschmecken.

6 Die gebratenen Kartoffelwürfel mit den Pilzen auf Teller verteilen, etwas Béchamelsauce darübergießen und mit der restlichen Petersilie bestreuen. Die Rotbarschfilets daneben anrichten und mit der Tomatenbutter beträufeln.

LACHS MIT PILZKRUSTE

SAIBLING MIT PFIFFERLINGEN

Lachs mit Pilzkruste

FEINER FISCH MIT BISS

Für 4 Personen:
400 g gemischte Pilze (z. B. Champignons, Egerlinge, Kräuterseitlinge)
1 Schalotte
1 EL Butter
Salz | Pfeffer
1 TL Waldpilzpulver (siehe Tipp Seite 152)
50 g Walnusskerne
50 g Pinienkerne
1 EL Olivenöl
4 Lachsfilets (à ca. 150 g)
einige Spritzer Zitronensaft
Zubereitung: ca. 40 Min.
Pro Portion: ca. 540 kcal, 36 g EW, 41 g F, 6 g KH

1 Die Pilze putzen, trocken abreiben und sehr fein hacken (das geht am schnellsten im Blitzhacker). Die Schalotte schälen und fein würfeln. Die Butter in einer Pfanne zerlassen und die gehackten Pilze darin scharf anbraten. Die Schalotte hinzufügen und die Pilze bei mittlerer Hitze so lange unter Rühren weiterbraten, bis die Flüssigkeit, die aus den Pilzen austritt, vollständig verdampft ist. Mit Salz, Pfeffer und Waldpilzpulver würzen.

2 Den Backofen auf 200° vorheizen. Die Walnuss- und Pinienkerne im Blitzhacker fein hacken und mit dem Olivenöl unter die Pilze mischen.

3 Die Lachsfilets waschen und mit Küchenpapier trocken tupfen. Mit Salz und Zitronensaft würzen. Ein Backblech mit Backpapier auslegen. Die Fischfilets darauflegen und mit der Pilzmasse bestreichen. Im vorgeheizten Ofen (Mitte) in ca. 15 Min. garen. Dazu passt Kartoffelpüree oder Kartoffelgratin.

Saibling mit Pfifferlingen

GARANTIERT EIN GUTER FANG

Für 4 Personen:
300 ml trockener Weißwein
100 ml Gemüsebrühe
300 g kleine Pfifferlinge
2 EL Öl
Salz | Pfeffer
einige Spritzer Zitronensaft
4 Saiblingsfilets (à ca. 80 g; mit Haut)
100 g kalte Butter
4 EL Schnittlauchröllchen
Zubereitung: ca. 40 Min.
Pro Portion: ca. 380 kcal, 19 g EW, 28 g F, 3 g KH

1 Den Wein und die Brühe in einem Topf bei starker Hitze auf etwa die Hälfte einkochen lassen. Inzwischen die Pfifferlinge putzen und trocken abreiben. In einer großen Pfanne 1 EL Öl erhitzen und die Pfifferlinge darin bei starker Hitze ca. 5 Min. braten, bis die Flüssigkeit vollständig verdampft ist. Mit Salz, Pfeffer und Zitronensaft würzen und warm halten.

2 Die Saiblingsfilets waschen, mit Küchenpapier trocken tupfen und jeweils halbieren. Das restliche Öl in einer zweiten Pfanne erhitzen und die Fischstücke darin auf der Hautseite bei mittlerer Hitze in 3–4 Min. kross anbraten. Die Saiblingsstücke wenden, die Pfanne vom Herd nehmen und den Fisch in der Resthitze der Pfanne kurz durchziehen lassen. Mit Salz und Pfeffer würzen.

3 Die kalte Butter nach und nach in kleinen Stücken mit dem Schneebesen unter den eingekochten Wein rühren. Die Sauce mit Salz und Pfeffer würzen und den Schnittlauch unterrühren. Die Saiblingsfilets mit der Sauce anrichten und mit den Pfifferlingen bestreuen. Mit Salzkartoffeln servieren.

Kabeljau mit Polentakruste und Morchelsauce

EINE EXTRAVAGANTE KREATION WIE AUS DER STERNEKÜCHE

Für 4 Personen:
200 ml Milch
1 TL Butter
Salz
50 g Instant-Polenta
Spitzmorchelpulver (siehe Seite 13)
1 Ei (M)
500 g Spitzmorcheln
1 Zwiebel
2 Knoblauchzehen
4 EL Olivenöl
50 ml trockener Weißwein
1 EL Zitronensaft
100 g Sahne
4 Kabeljaufilets (à ca. 120 g)
1 Zweig Rosmarin
Pfeffer
2 EL gehackter Thymian
2 EL geschlagene Sahne
Zubereitung: ca. 1 ¼ Std.
Pro Portion: ca. 430 kcal, 30 g EW, 27 g F, 16 g KH

1 Für die Polentakruste die Milch mit der Butter und 1 Prise Salz in einem Topf aufkochen und den Polentagrieß unter ständigem Rühren einrieseln lassen. Den Topf vom Herd nehmen, die Polenta mit 1 Prise Morchelpulver würzen und ca. 10 Min. quellen lassen. Das Ei trennen und das Eigelb unter die Polenta rühren. Die Polenta abkühlen lassen. Das Eiweiß mit 1 Prise Salz zu festem Schnee schlagen und kühl stellen.

2 Für die Sauce die Spitzmorcheln unter fließendem kaltem Wasser gründlich waschen, auf Küchenpapier abtropfen lassen und klein schneiden. Die Zwiebel und 1 Knoblauchzehe schälen und fein würfeln. In einer Pfanne 2 EL Olivenöl erhitzen, Zwiebel und Knoblauch darin andünsten. Mit dem Wein und Zitronensaft ablöschen. Die Morcheln dazugeben, die Sahne angießen und aufkochen. Die Sauce bei mittlerer Hitze sämig einköcheln lassen und beiseitestellen.

3 Den Backofengrill einschalten. Die Kabeljaufilets waschen und mit Küchenpapier trocken tupfen. Den Rosmarin waschen und trocken schütteln. Die übrige Knoblauchzehe ungeschält halbieren. Das restliche Olivenöl in einer Pfanne erhitzen und die Kabeljaufilets darin bei mittlerer Hitze auf jeder Seite 2 Min. anbraten. Mit Salz und Pfeffer würzen. Die Fischfilets mit Rosmarin und Knoblauch in eine flache Auflaufform geben. Den Eischnee und die Hälfte des Thymians unter die Polentamasse heben und die Fischfilets damit bestreichen. Unter dem Grill (Mitte) in ca. 5 Min. goldbraun gratinieren.

4 Kurz vor dem Servieren die Morchelsauce erwärmen. Die geschlagene Sahne und den restlichen Thymian unterrühren, mit Salz und Pfeffer abschmecken. Die Fischfilets mit der Morchelsauce anrichten.

Tipp Während der Morchelsaison im Mai und Juni sollte man für dieses Rezept unbedingt frische Pilze verwenden. Ansonsten kann man die Sauce natürlich auch mit getrockneten, in Wasser eingeweichten Morcheln zubereiten. Dafür benötigt man 30–40 g.

Forellenfrikassee mit Steinpilzen

KÖSTLICHE BELOHNUNG FÜR ANGLER UND SAMMLER

Für 4 Personen:
600 g Forellenfilet
Saft von 1 Zitrone
1 TL Worcestersauce
Salz | Pfeffer
1 Zwiebel
1 Knoblauchzehe
300 g kleine, feste Steinpilze
4 EL Mehl
5 EL Öl
100 ml trockener Weißwein
¼ l Fischfond
200 g Sahne
1 Spritzer Zitronensaft
200 g Cocktailtomaten
½ Bund Schnittlauch
Zubereitung: ca. 50 Min.
Pro Portion: ca. 515 kcal,
37 g EW, 33 g F, 13 g KH

1 Das Forellenfilet waschen, mit Küchenpapier trocken tupfen und in ca. 5 cm große Stücke schneiden. Die Fischstücke mit Zitronensaft und Worcestersauce beträufeln, mit Salz und Pfeffer würzen und mit Frischhaltefolie bedeckt im Kühlschrank 15 Min. marinieren.

2 Inzwischen die Zwiebel und den Knoblauch schälen und fein würfeln. Die Steinpilze putzen, trocken abreiben und je nach Größe ganz lassen oder in Scheiben schneiden.

3 Das Mehl auf einen Teller geben. Die Forellenstücke aus der Marinade nehmen, mit Küchenpapier abtupfen und im Mehl wenden. Überschüssiges Mehl abklopfen. In einer tiefen Pfanne 2 EL Öl erhitzen und die Fischstücke darin bei mittlerer Hitze auf jeder Seite ca. 2 Min. braten. Aus der Pfanne nehmen und im Backofen bei 50° warm halten.

4 Zwiebel und Knoblauch in der heißen Pfanne im verbliebenen Bratfett andünsten. Die Steinpilze dazugeben und ca. 5 Min. mitbraten. Wein, Fond und Sahne hinzufügen und alles aufkochen. Die Sauce bei mittlerer Hitze sämig einköcheln lassen, mit Salz, Pfeffer und Zitronensaft abschmecken.

5 Die Cocktailtomaten waschen und halbieren. Das restliche Öl in einer zweiten Pfanne erhitzen und die Tomaten darin anbraten, mit Salz und Pfeffer würzen. Den Schnittlauch abbrausen, trocken schütteln und in feine Röllchen schneiden. Kurz vor dem Servieren unter die Steinpilzsauce rühren. Die Forellenstücke mit der Sauce in tiefen Tellern anrichten, die Cocktailtomaten dazu servieren. Dazu passt Reis.

Tipp **Für ein Frikassee sollten Sie immer helle Pilzarten wählen – für dieses Rezept eignen sich z. B. auch Pfifferlinge oder Champignons. Achten Sie beim Einkauf darauf, möglichst kleine Pilze zu bekommen: Diese können Sie im Ganzen verwenden, und das Frikassee sieht dekorativer aus.**

Grünes Fischcurry mit Süßkartoffelecken

SEELACHS UND PILZE AUF ASIENREISE

Für 4 Personen:
Für die Kartoffelecken:
1 kg Süßkartoffeln
3 EL Öl
1 EL edelsüßes Paprikapulver
Salz
Für das Curry:
200 g Zuckerschoten
1 große Möhre
3 Frühlingszwiebeln
300 g Shiitake-Pilze, Austernpilze und Pioppini
½ Bund Koriandergrün
400 g Seelachsfilet
3 EL Mehl
3 EL Öl
Salz
2 EL grüne Currypaste
400 ml Kokosmilch
einige Spritzer Limettensaft
Sojasauce nach Geschmack
Zubereitung: ca. 50 Min.
Pro Portion: ca. 765 kcal, 30 g EW, 35 g F, 81 g KH

1 Den Backofen auf 220° (Umluft 200°) vorheizen. Ein Backblech mit Backpapier auslegen. Für die Kartoffelecken die Süßkartoffeln gründlich waschen, mit Schale in Spalten schneiden und in eine Schüssel geben. Öl, Paprikapulver und etwas Salz dazugeben, alles mit den Händen mischen und die Gewürze gut einmassieren. Die Kartoffelecken auf dem Blech verteilen und im vorgeheizten Ofen (Mitte) in 30–40 Min. knusprig backen, dabei einmal wenden.

2 Inzwischen für das Curry die Zuckerschoten putzen, waschen und schräg halbieren. Die Möhre schälen, längs halbieren und in dünne Scheiben schneiden. Die Frühlingszwiebeln putzen, waschen und schräg in ca. 3 cm lange Stücke schneiden. Die Pilze putzen und trocken abreiben. Die Stiele der Shiitake-Pilze herausdrehen und die Strünke der Austernpilze abschneiden. Die Pioppini ganz lassen, die Austern- und Shiitake-Pilze in Streifen schneiden. Den Koriander abbrausen und trocken schütteln, die Blätter abzupfen und fein hacken.

3 Das Seelachsfilet waschen, mit Küchenpapier trocken tupfen und in ca. 2 cm große Würfel schneiden. Das Mehl auf einen Teller geben und die Fischstücke darin wenden, überschüssiges Mehl abklopfen.

4 In einer großen Pfanne 2 EL Öl erhitzen und die Fischstücke darin 2–3 Min. scharf anbraten. Mit Salz würzen, herausnehmen und beiseitestellen. Das restliche Öl in die Pfanne geben, das Gemüse und die Pilze darin unter Rühren 5 Min. braten. Die Currypaste unterrühren, die Kokosmilch hinzufügen und alles aufkochen.

5 Die Fischwürfel und den Koriander dazugeben (das Curry darf nun nicht mehr kochen) und das Curry mit Limettensaft und Salz oder nach Belieben Sojasauce abschmecken. Die Süßkartoffelecken aus dem Ofen nehmen, mit Salz bestreuen und mit dem Fischcurry servieren.

FLEISCH

Gefüllte Kalbsbrust

DER PERFEKTE SONNTAGSBRATEN

Für 6–8 Personen:

Für die Füllung:

40 g getrocknete Herbsttrompeten
250 g gemischte Waldpilze (z. B. Maronen, Herbsttrompeten, Semmelstoppel, Steinpilze)
300 g Toastbrot
1 Zwiebel
2 EL Butter
ca. 1/4 l Milch
6 Eier (M)
2 EL gehackte Petersilie
Salz | Pfeffer
frisch geriebene Muskatnuss

Für das Fleisch:

2 1/2 kg Kalbsbrust (am besten beim Metzger vorbestellen und eine Tasche einschneiden lassen)
Salz | Pfeffer
4 Zwiebeln
3 Möhren
200 g Knollensellerie
2 TL Puderzucker
2 TL Tomatenmark
1/2 l trockener Rotwein
1 EL Öl
400 ml Kalbsfond
1 Lorbeerblatt
2 TL Speisestärke
3 EL kalte Butter
1 EL gehackte Petersilie

Zubereitung: ca. 1 Std.
Schmoren: ca. 3 Std.
Pro Portion: ca. 735 kcal, 71 g EW, 33 g F, 28 g KH

1 Für die Füllung die getrockneten Herbsttrompeten in lauwarmem Wasser 30 Min. einweichen. Inzwischen die frischen Pilze putzen, trocken abreiben und klein schneiden. Das Toastbrot entrinden, in kleine Würfel schneiden und in eine Schüssel geben. Die Zwiebel schälen und fein würfeln. Die Butter in einer Pfanne zerlassen, die Zwiebel und die gehackten Pilze darin ca. 5 Min. anbraten und beiseitestellen.

2 Die eingeweichten Herbsttrompeten abgießen, ausdrücken und klein schneiden. Die Milch aufkochen. Die Eier in einer Schüssel verquirlen, die Hälfte der heißen Milch nach und nach dazugießen und unterrühren. Die Eiermilch über die Toastbrotwürfel gießen, die Herbsttrompeten, die Pilz-Zwiebel-Mischung, die Petersilie und so viel von der restlichen Milch untermischen, dass eine zähe, formbare Masse entsteht. Mit Salz, Pfeffer und Muskatnuss kräftig würzen.

3 Den Backofen auf 150° (Umluft 130°) vorheizen. Für das Fleisch die Kalbsbrust innen und außen mit Salz und Pfeffer würzen. Mit der Brot-Pilz-Masse füllen und die Tasche mit Küchengarn zunähen. Zwiebeln, Möhren und Sellerie schälen und grob würfeln. Den Puderzucker in einem Bräter karamellisieren, das Tomatenmark unterrühren und kurz anrösten. Nach und nach mit dem Wein ablöschen und auf etwa ein Drittel einköcheln lassen. Das Öl in einer Pfanne erhitzen, die Gemüsewürfel darin andünsten. Das Gemüse und den Fond in den Bräter geben. Das Fleisch auf das Gemüse setzen und im vorgeheizten Ofen (Mitte) ca. 3 Std. schmoren, dabei öfter mit dem Sud übergießen.

4 Die Kalbsbrust aus dem Bräter nehmen und warm halten. Die Sauce durch ein Sieb in einen Topf streichen. Das Lorbeerblatt in die Sauce geben und die Sauce kurz einköcheln lassen. Die Speisestärke in wenig kaltem Wasser anrühren und zum Binden in die Sauce rühren. Die Sauce kurz köcheln lassen. Das Lorbeerblatt entfernen, die Sauce mit Salz und Pfeffer würzen. Die kalte Butter nach und nach mit dem Schneebesen unterrühren und die Sauce erhitzen.

5 Die Kalbsbrust in Scheiben schneiden, mit der Sauce anrichten und mit der Petersilie bestreuen. Nach Belieben Spätzle und glasierte Mini-Möhren dazu servieren.

Gefüllte Kalbsschnitzel mit Shiitake-Pilzen

HIER ZÄHLEN DIE INNEREN WERTE

Für 4 Personen:
Für die Füllung:
400 g Shiitake-Pilze
1 Schalotte
3 Stängel Petersilie
2 EL Butter
Salz | Pfeffer
Für die Sauce und das Fleisch:
1 Schalotte
1 EL Butter
100 ml trockener Weißwein
¼ l Geflügelbrühe
125 g saure Sahne
125 g Sahne
4 Kalbsschnitzel (à ca. 150 g)
Salz | Pfeffer
2 EL Öl
2 EL gehackte Kräuter (z. B. Kerbel, Schnittlauch, Petersilie)
1 TL Speisestärke, nach Bedarf
1 Spritzer Zitronensaft
Zubereitung: ca. 45 Min.
Pro Portion: ca. 465 kcal, 38 g EW, 28 g F, 12 g KH

1 Für die Füllung die Shiitake-Pilze putzen und trocken abreiben, die Stiele herausdrehen und die Hüte in Streifen schneiden. Die Schalotte schälen und fein würfeln. Die Petersilie abbrausen und trocken schütteln, die Blätter abzupfen und fein hacken. Die Butter in einer Pfanne zerlassen und die Pilze darin scharf anbraten. Mit Salz und Pfeffer würzen und die Petersilie untermischen. Aus der Pfanne nehmen und abkühlen lassen.

2 Für die Sauce die Schalotte schälen und fein würfeln. Die Butter in einem Topf zerlassen, die Schalotte darin andünsten. Mit dem Wein ablöschen und einkochen lassen. Die Brühe dazugießen, die saure Sahne unterrühren und bei mittlerer Hitze ca. 5 Min. weiterköcheln lassen. Die Sahne angießen, die Sauce aufkochen und beiseitestellen.

3 Für das Fleisch die Kalbsschnitzel jeweils zwischen zwei Lagen Frischhaltefolie (oder in einen aufgeschnittenen Gefrierbeutel) legen und flach klopfen. Auf beiden Seiten salzen und pfeffern. Jeweils eine Hälfte der Schnitzel mit der Pilzmasse bestreichen und die andere Hälfte darüberklappen. Mit Rouladennadeln oder kleinen Holzspießen feststecken. Das Öl in der Pfanne erhitzen und die Schnitzel darin auf jeder Seite ca. 5 Min. braten.

4 Die Sauce erhitzen, nach Belieben etwas in kaltem Wasser angerührte Speisestärke zum Binden und die Kräuter unterrühren. Die Sauce mit Salz, Pfeffer und Zitronensaft abschmecken und mit dem Stabmixer schaumig rühren. Die gefüllten Schnitzel mit der Sauce anrichten. Dazu passen Bandnudeln.

Tipp Man kann die Schnitzel natürlich auch mit anderen Pilzsorten füllen – Shiitake-Pilze haben den Vorteil, dass sie das ganze Jahr über erhältlich sind. Die Stiele der Shiitake-Pilze werden entfernt, weil sie beim Garen zäh werden. Man kann sie aber zum Aromatisieren sehr gut in Suppen und Brühen mitkochen und dann absieben.

Involtini mit Morcheln

SCHNITZEL UND PILZE IN EINER PARADEROLLE

Für 4 Personen:
20 g getrocknete Spitzmorcheln
2 Schalotten
1 Knoblauchzehe
2 EL Butter
120 ml weißer Portwein oder Madeira
3 Stängel Petersilie
Salz | Pfeffer
1 Scheibe Toastbrot
4 Kalbsschnitzel (à 150 g)
100 g Kalbsbrät
80 g Frischkäse
2 EL Olivenöl
150 ml Kalbsfond
Zubereitung: ca. 45 Min.
Einweichen: 30 Min.
Pro Portion: ca. 400 kcal, 38 g EW, 20 g F, 8 g KH

1 Die getrockneten Spitzmorcheln in lauwarmem Wasser 30 Min. einweichen. Abgießen, unter fließendem kaltem Wasser gründlich waschen, ausdrücken und fein hacken.

2 Die Schalotten und den Knoblauch schälen und fein würfeln. In einer Pfanne 1 EL Butter zerlassen, Schalotten, Knoblauch und Morcheln darin anbraten. 80 ml Portwein hinzufügen und bei mittlerer Hitze fast vollständig einköcheln lassen.

3 Die Petersilie waschen und trocken schütteln, die Blätter abzupfen, fein hacken und unter die Morcheln mischen. Mit Salz und Pfeffer würzen, aus der Pfanne nehmen und beiseitestellen.

4 Die Toastbrotscheibe im Toaster rösten und in möglichst kleine Würfel schneiden. Die Kalbsschnitzel jeweils zwischen zwei Lagen Frischhaltefolie (oder in einen aufgeschnittenen Gefrierbeutel) legen und flach klopfen. Kalbsbrät, Frischkäse und Brotwürfel unter die Morcheln mischen und die Masse auf die Kalbsschnitzel streichen, dabei rundherum einen Rand frei lassen. Die Schnitzel von einer schmalen Seite her aufrollen, mit Rouladennadeln bzw. kleinen Holzspießen feststecken oder mit Küchengarn zubinden. Die Involtini mit Salz und Pfeffer würzen.

5 Das Olivenöl in einer Pfanne erhitzen und die Involtini darin rundherum scharf anbraten. Den Fond angießen und die Involtini zugedeckt bei mittlerer Hitze in ca. 10 Min. garen. Aus der Pfanne nehmen und warm halten.

6 Den restlichen Portwein zur Sauce geben und kurz einköcheln lassen. Die restliche Butter darin schmelzen lassen, die Sauce mit Salz und Pfeffer abschmecken und zu den Involtini servieren. Dazu passen in Olivenöl geschwenkte Gnocchi mit Salbei oder knuspriges Baguette.

Rinderrouladen mit Schinken und Pilzen

TRADITIONSGERICHT MIT ITALIENISCHER NOTE

Für 4 Personen:
30 g getrocknete Steinpilze
300 g gemischte Waldpilze (z. B. Maronen, Rotkappen, Sandpilze)
1 Zwiebel
4 getrocknete Tomaten (in Öl)
2 EL Butter
Salz | Pfeffer
2 EL gehackte Petersilie
4 Rinderrouladen (aus der Hüfte; à ca. 200 g)
2 EL mittelscharfer Senf
4 Scheiben geräucherter Schinken
1 Bund Suppengemüse (Möhre, Petersilienwurzel, Lauch)
2 EL Olivenöl
1 EL Tomatenmark
100 ml trockener Rotwein
ca. ¼ l Rinderbrühe
1 EL Crème fraîche

Zubereitung: ca. 50 Min.
Garen: 1 ½ Std.
Pro Portion: ca. 585 kcal, 47 g EW, 40 g F, 2 g KH

1 Die getrockneten Steinpilze in 150 ml lauwarmem Wasser 30 Min. einweichen. Inzwischen die frischen Pilze putzen, trocken abreiben und klein schneiden. Zwiebel schälen und fein würfeln. Getrocknete Tomaten auf Küchenpapier abtropfen lassen und in Streifen schneiden.

2 Die eingeweichten Steinpilze abgießen und ausdrücken, dabei die Einweichflüssigkeit auffangen. Die Steinpilze fein hacken. Die Butter in einer großen Pfanne zerlassen, Zwiebel und alle Pilze darin anbraten. Mit Salz und Pfeffer würzen und die Tomaten hinzufügen. Die Pilz-Einweichflüssigkeit dazugießen und einkochen lassen. Die Petersilie unter die Pilzmischung rühren und die Pfanne vom Herd nehmen.

3 Die Rouladen zwischen zwei Lagen Frischhaltefolie (oder in einen aufgeschnittenen Gefrierbeutel) legen und etwas dünner klopfen. Auf beiden Seiten salzen und pfeffern. Die Fleischscheiben auf einer Seite dünn mit Senf bestreichen und jeweils mit 1 Schinkenscheibe belegen. Die Pilzmischung darauf verteilen, dabei rundherum einen Rand frei lassen. Die Rouladen von einer schmalen Seite her aufrollen und mit Rouladennadeln feststecken.

4 Das Suppengemüse putzen, waschen bzw. schälen und grob würfeln. In einem Bräter 1 EL Olivenöl erhitzen. Die Rouladen darin rundherum scharf anbraten und herausnehmen. Das restliche Olivenöl in dem Bräter erhitzen und das Suppengemüse darin unter Rühren anbraten. Das Tomatenmark unterrühren und kurz mitbraten. Den Wein angießen und bei starker Hitze einkochen lassen. Die Brühe hinzufügen und aufkochen. Die Rouladen in den Bräter geben und zugedeckt bei schwacher Hitze in ca. 1 ½ Std. garen. Die Rouladen sollten etwa zur Hälfte mit Brühe bedeckt sein, eventuell etwas Brühe nachgießen.

5 Die Rouladen aus dem Bräter nehmen und warm halten. Den Schmorfond durch ein Sieb in einen Topf gießen und die Crème fraîche unterrühren. Die Sauce mit Salz und Pfeffer abschmecken und nochmals aufkochen. Die Rouladen mit der Sauce anrichten und nach Belieben Spätzle oder gebratene Kartoffelwürfel dazu servieren.

Rumpsteak mit Pilzrahmsauce

RUSTIKAL UND RAFFINIERT ZUGLEICH

Für 4 Personen:
300 g gemischte Waldpilze (z. B. Pfifferlinge, Maronen, Herbsttrompeten)
4 Scheiben durchwachsener Räucherspeck
4 EL Öl
1 EL gehackter Rosmarin
Salz | Pfeffer
200 g Sahne
1 EL scharfer Senf
4 Rumpsteaks (à 200 g; 3–4 cm dick)
Zubereitung: ca. 35 Min.
Pro Portion: ca. 595 kcal, 48 g EW, 43 g F, 2 g KH

1 Den Backofen auf 180° (Umluft 160°) vorheizen. Die Pilze putzen, trocken abreiben und in Scheiben schneiden. Den Speck in feine Streifen schneiden. In einer Pfanne 2 EL Öl erhitzen, Speck und Rosmarin darin anbraten. Die Pilze dazugeben und ca. 5 Min. mitbraten, mit Salz und Pfeffer würzen. Die Sahne hinzufügen, den Senf unterrühren und die Sauce kurz köcheln lassen. Mit Salz und Pfeffer abschmecken und warm halten.

2 Das restliche Öl in einer großen Pfanne erhitzen und die Steaks darin auf jeder Seite 2 Min. scharf anbraten. Auf ein Backblech setzen und im vorgeheizten Ofen (Mitte) in 8–10 Min. fertig garen. Die Steaks in Alufolie wickeln und 5 Min. ruhen lassen. Mit Salz und Pfeffer würzen. Die Steaks mit der Pilzrahmsauce anrichten und nach Belieben Kroketten dazu servieren.

Variante Asia-Pilzsauce

Überraschend anders kommen die Steaks auf den Tisch, wenn man sie mit einer exotischen Pilzsauce serviert. Dafür 200 g Champignons und je 150 g Austern- und Shiitake-Pilze putzen und trocken abreiben. Die Stiele der Shiitake-Pilze herausdrehen, die Strünke der Austernpilze abschneiden. Die Pilze in Scheiben bzw. Streifen schneiden. 1 Knoblauchzehe schälen und fein würfeln. 1 milde Chilischote längs halbieren, entkernen, waschen und in feine Streifen schneiden. In einer großen Pfanne 1 EL Butter zerlassen, die Pilze darin ca. 5 Min. anbraten. Knoblauch dazugeben und kurz mitbraten. 200 ml Geflügelbrühe, 1 EL Honig, Chili und 3–4 EL gehacktes Koriandergrün unterrühren. Alles aufkochen und bei schwacher Hitze ca. 5 Min. köcheln lassen. Die gegarten Steaks aus der Alufolie wickeln, den Bratensaft zu der Pilzsauce geben. Die Steaks mit der Sauce servieren.

Saucen: das feine i-Tüpfelchen

Morchel-Rahmsauce

Für 4 Personen | Zubereitung: ca. 35 Min.
Einweichen: 30 Min.
Pro Portion: ca. 200 kcal, 2 g EW, 20 g F, 2 g KH

20 g getrocknete Spitzmorcheln in 200 ml lauwarmem Wasser 30 Min. einweichen. Durch ein mit Küchenpapier ausgelegtes Sieb (oder einen Kaffeefilter mit Filterpapier) abgießen, dabei die Einweichflüssigkeit auffangen. Die Morcheln unter fließendem kaltem Wasser gründlich waschen, ausdrücken und fein hacken. In einer Pfanne 2 EL Butter zerlassen und die Morcheln darin anbraten. Mit Salz und Pfeffer würzen, 1 EL Cognac und 1 Spritzer Zitronensaft hinzufügen. Nach und nach 200 g Sahne und etwas Einweichflüssigkeit dazugießen. Die Morchel-Rahmsauce bei schwacher Hitze ca. 20 Min. sämig einköcheln lassen. Mit Salz, Pfeffer und nach Belieben etwas Madeira abschmecken. Die Sauce passt vor allem zu Kalbfleisch und Wild, schmeckt aber auch zu gebratenem oder gedünstetem Fisch sehr gut.

Champignon-Rahmsauce

Für 4 Personen | Zubereitung: ca. 35 Min.
Pro Portion: ca. 250 kcal, 3 g EW, 24 g F, 3 g KH

Jeweils 1 Zwiebel und Knoblauchzehe schälen und fein würfeln. 250 g Champignons putzen, trocken abreiben und in Scheiben schneiden. In einer Pfanne 2 EL Butter zerlassen, Zwiebel und Knoblauch darin andünsten. Die Pilze und 1 TL getrockneten Thymian hinzufügen und kurz mitbraten. Mit 50 ml trockenem Weißwein ablöschen, 150 ml Gemüsebrühe dazugießen und alles bei mittlerer Hitze etwa 10 Min. köcheln lassen. 200 g Crème fraîche und 2 TL Aceto balsamico unterrühren. Die Sauce etwas einköcheln lassen, mit Salz, Pfeffer und 1 Prise Zucker abschmecken. Die Champignon-Rahmsauce passt perfekt zu Geflügel oder Schweinefleisch.

Steinpilz-Sabaione

Für 4 Personen | Zubereitung: ca. 35 Min.
Einweichen: 30 Min.
Pro Portion: ca. 130 kcal, 5 g EW, 9 g F, 2 g KH

30 g getrocknete Steinpilze in 150 ml lauwarmem Wasser 30 Min. einweichen. Die Pilze abgießen und ausdrücken, dabei die Einweichfüssigkeit auffangen. In einer Pfanne 1 EL Öl erhitzen und die Pilze darin ca. 2 Min. anbraten. 1 EL Aceto balsamico hinzufügen und vollständig einkochen lassen. Die Pilze mit Salz und Pfeffer würzen, aus der Pfanne nehmen und beiseitestellen. 1 Schalotte und 1 Knoblauchzehe schälen und fein würfeln. Beides mit der Einweichflüssigkeit und 150 ml trockenem Weißwein in die Pfanne geben und aufkochen. 2 TL Instant-Gemüsebrühe unterrühren. 1 Thymianzweig abbrausen und trocken schütteln, mit 1 Streifen Bio-Zitronenschale in die Weinmischung geben. Alles bei mittlerer Hitze auf etwa 100 ml einkochen lassen. Den Fond durch ein Sieb gießen und mit Salz und Pfeffer würzen. In einer großen Metallschüssel 4 Eigelbe schaumig rühren. Den Fond nach und nach dazugießen und über dem heißen Wasserbad in ca. 8 Min. zu einer lockerschaumigen Masse aufschlagen. (Wichtig ist, dass der Schüsselboden dabei das Wasser nicht berührt und die Creme nicht zu heiß wird – sonst gerinnt das Eigelb.) Die Sabaione mit Salz und Pfeffer würzen und die beiseitegestellen gebratenen Steinpilze untermischen. Sofort servieren. Die Steinpilz-Sabaione ist der ideale Begleiter für Schweine- und Kalbmedaillons oder Lammfilet und -koteletts.

OBEN: MORCHEL-RAHMSAUCE | MITTE: CHAMPIGNON-RAHMSAUCE
UNTEN:STEINPILZ-SABAIONE

Lammlende mit Pfifferlingen

DA WERDEN ERINNERUNGEN AN URLAUBE AM MITTELMEER WACH

Für 4 Personen:
300 g Pfifferlinge
1 Zwiebel
2 Knoblauchzehen
8 getrocknete Tomaten (in Öl)
50 g schwarze Oliven
2 Zweige Rosmarin
½ Bund Thymian
4 Stücke Lammlende (à ca. 120 g)
Salz | Pfeffer
3 EL Olivenöl
1 EL Tomatenmark
¼ l trockener Rotwein
1 Spritzer Zitronensaft
Zubereitung: ca. 50 Min.
Pro Portion: ca. 395 kcal, 25 g EW, 27 g F, 3 g KH

1 Die Pfifferlinge putzen und trocken abreiben, kleine Pilze ganz lassen, größere halbieren oder vierteln. Die Zwiebel und 1 Knoblauchzehe schälen und fein würfeln. Die restliche Knoblauchzehe ungeschält halbieren. Die getrockneten Tomaten auf Küchenpapier abtropfen lassen und in feine Streifen schneiden. Die Oliven abtropfen lassen und ebenfalls in feinen Streifen von den Steinen schneiden. Rosmarin und Thymian abbrausen und trocken schütteln. 2 Thymianzweige beiseitelegen, von den restlichen Zweigen die Blätter abzupfen und fein hacken.

2 Den Backofen auf 75° (Umluft 60°) vorheizen. Das Lammfleisch mit Salz und Pfeffer würzen. In einer großen Pfanne 2 EL Olivenöl erhitzen, das Fleisch darin mit dem Rosmarin, den beiseitegelegten Thymianzweigen und der halbierten Knoblauchzehe bei mittlerer Hitze auf jeder Seite ca. 5 Min. anbraten. Aus der Pfanne in eine Auflaufform geben und im vorgeheizten Ofen (Mitte) in ca. 15 Min. gar ziehen lassen.

3 Das restliche Olivenöl in der Pfanne erhitzen und die Pfifferlinge darin scharf anbraten. Die Zwiebel- und Knoblauchwürfel dazugeben und ca. weitere 5 Min. mitbraten, bis die Flüssigkeit, die aus den Pilzen austritt, vollständig verdampft ist. Das Tomatenmark unterrühren, Tomaten und Oliven hinzufügen und kurz mitbraten. Den Wein angießen und einkochen lassen. Mit Salz, Pfeffer und Zitronensaft würzen.

4 Das Lammfleisch aus dem Ofen nehmen, mit den Pfifferlingen anrichten und mit dem gehackten Thymian bestreuen. Dazu passt knuspriges Baguette oder Ciabattabrot.

Tipp Statt mit Pfifferlingen kann man dieses Rezept auch mit Kräuterseitlingen oder – als Edelvariante – mit Kaiserlingen zubereiten. Die begehrten Pilze, die auch in Italien sehr beliebt sind, haben von Juni bis September Saison.

Pilzburger mit Tomatensalat

EINE PRIMA ALTERNATIVE ZUM FASTFOOD-ORIGINAL

Für 4 Personen:
Für die Burger:
400 g gemischte Pilze (z. B. Champignons, Egerlinge, Pfifferlinge und Shiitake-Pilze)
1 Zwiebel
3 Stängel Petersilie
300 g gemischtes Hackfleisch
2 Eier (M)
5 EL Semmelbrösel
50 g weiche Butter
Salz | Pfeffer
ca. 4 EL Öl zum Anbraten
4 Burger-Brötchen
einige schöne Salatblätter
1 große Fleischtomate
Für den Salat:
500 g Tomaten
2 rote Zwiebeln
½ Bund Basilikum
2 EL Weißweinessig
Salz | Pfeffer
½ TL Honig
4 EL Olivenöl
Zubereitung: ca. 45 Min.
Pro Portion: ca. 845 kcal, 31 g EW, 53 g F, 53 g KH

1 Für die Burger die Pilze putzen und trocken abreiben. Die Stiele der Shiitake-Pilze herausdrehen, alle Pilze sehr fein würfeln oder hacken. Die Zwiebel schälen und fein würfeln. Die Petersilie waschen und trocken schütteln, die Blätter abzupfen und fein hacken. Das Hackfleisch mit Pilzen, Zwiebel, Petersilie, Eiern, Semmelbröseln und Butter mischen. Die Pilz-Hackfleisch-Masse mit Salz und Pfeffer kräftig würzen.

2 Für den Salat die Tomaten waschen und in Spalten schneiden, dabei die Stielansätze entfernen. Zwiebeln schälen, halbieren und in feine Streifen schneiden. Basilikum abbrausen und trocken schütteln, die Blätter abzupfen und ebenfalls in feine Streifen schneiden. Für das Dressing den Essig mit Salz, Pfeffer und Honig verrühren, zuletzt das Olivenöl unterschlagen. Tomaten, Zwiebel und Basilikum in einer Schüssel mit dem Dressing mischen.

3 Aus der Pilz-Hackfleisch-Masse mit den Händen acht flache Küchlein formen. In einer großen Pfanne je 2 EL Öl erhitzen und die Pilzburger darin portionsweise bei mittlerer Hitze auf jeder Seite ca. 5 Min. goldbraun braten.

4 Die Brötchen aufschneiden und im Toaster knusprig rösten. Die Salatblätter waschen und trocken schütteln. Die Tomate waschen und in Scheiben schneiden, dabei den Stielansatz entfernen. Die unteren Brötchenhälften mit Salatblättern und Tomatenscheiben belegen. Je 1 Pilzburger daraufsetzen, mit Salatblättern garnieren und die oberen Brötchenhälften auflegen. Die Brötchen jeweils mit einem zusätzlichen Pilzburger und dem Tomatensalat anrichten. Nach Belieben mit Senf, Tomatenketchup oder Mayonnaise servieren.

Tipp Wer möchte, belegt die Pilzburger, während sie die letzen 2–3 Min. gebraten werden, jeweils noch mit 1 Scheibe Cheddar oder Gouda. Man kann natürlich aus der Menge auch 8 Burger zubereiten. Außerdem kann man die Brötchen zusätzlich mit Zwiebelringen und Salatgurkenscheiben garnieren – und die Pilzburger auch einmal mit Pommes frites oder Kartoffelspalten servieren.

Portobello-Champignons mit Hackfleischfüllung

VOR DIESEN GEFÜLLTEN PILZEN ZIEHT JEDER DEN HUT

Für 4 Personen:
Für die Pilze:
2–3 Brötchen (vom Vortag)
¼ l Milch
1 Zwiebel
½ Bund Petersilie
8 große Portobello-Champignons (à ca. 120 g)
400 g gemischtes Hackfleisch
1 Ei (M)
1–2 TL Steinpilzpulver (siehe Seite 13)
Salz | Pfeffer
50 g frisch geriebener Parmesan
Für den Salat:
200 g Feldsalat
4 EL Aceto balsamico
1 EL mittelscharfer Senf
Salz | Pfeffer | Zucker
4 EL Olivenöl
Außerdem:
5 kleine vorwiegend festkochende Kartoffeln
Butter für die Form
Zubereitung: ca. 50 Min.
Pro Portion: ca. 675 kcal, 39 g EW, 40 g F, 38 g KH

1 Die Kartoffeln waschen und in ca. 20 Min. weich garen. Inzwischen für die Pilze die Brötchen in Scheiben schneiden und in der Milch einweichen. Die Zwiebel schälen und fein würfeln. Die Petersilie waschen und trocken schütteln, die Blätter abzupfen und fein hacken. Die Portobello-Champignons putzen und trocken abreiben, die Stiele aus den Hüten schneiden.

2 Den Backofen auf 180° vorheizen. Die Kartoffeln abgießen und ausdampfen lassen. Die eingeweichten Brötchen gut ausdrücken. Mit Hackfleisch, Ei, Zwiebel, Petersilie und Steinpilzpulver mischen. 1 Kartoffel pellen, mit einer Gabel fein zerdrücken und ebenfalls untermischen. Die Hackmasse mit Salz und Pfeffer kräftig würzen.

3 Eine Auflaufform mit Butter einfetten. Die Pilze mit der Öffnung nach oben hineinsetzen und mit der Hackmasse füllen. Im vorgeheizten Ofen (Mitte) in 20 Min. garen.

4 Inzwischen für den Salat die restlichen Kartoffeln halbieren oder vierteln. Den Feldsalat verlesen, waschen und trocken schleudern. Den Essig mit Senf, Salz, Pfeffer und 1 Prise Zucker verrühren, zuletzt das Olivenöl unterschlagen. Den Feldsalat mit den Kartoffeln mischen, das Dressing darüberträufeln und untermischen.

5 Den Parmesan 5 Min. vor Ende der Garzeit über die Pilze streuen und goldbraun gratinieren. Die gefüllten Portobello-Champignons aus dem Ofen nehmen und jeweils zwei Pilze mit dem Feldsalat anrichten.

Tipp Portobello-Champignons sind ideal zum Füllen, denn ihre Hüte können einen Durchmesser von 10 bis 15 cm haben. Die besonders groß gewachsenen braunen Champignons schmecken sehr aromatisch und eignen sich auch zum Panieren und Braten. Ihre Stiele sind allerdings oft recht faserig und werden daher nicht mit verwendet. Wenn Sie keine Portobello-Pilze bekommen, können Sie die Füllung auf herkömmliche Riesenchampignons verteilen.

OBEN: HÄHNCHENBRUST MIT AUSTERNPILZEN | UNTEN: PFIFFERLING-PUTENGESCHNETZELTES

Man muss einem Brathähnchen nur feine Trüffelscheiben unter die Haut schieben, schon setzt es zum kulinarischen Höhenflug an. Wenn die edlen Knollen gerade nicht Saison haben, kann man dafür auch eingelegte Trüffel verwenden.

Getrüffeltes Brathähnchen mit Pilzpfanne

Für 4 Personen:

30 g schwarze Trüffel
1 küchenfertiges Hähnchen (ca. 1 ½ kg)
Salz | Pfeffer
70 g Butter
je 200 g Pfifferlinge und Steinpilze
½ Bund Petersilie
75 ml trockener Weißwein
Steinpilzsalz (siehe Tipp Seite 50)

Zubereitung: ca. 35 Min.
Garen: ca. 1 Std.
Pro Portion: ca. 625 kcal, 59 g EW, 41 g F, 2 g KH

1 Den Backofen auf 220° (Umluft 200°) vorheizen. Die Trüffel trocken bürsten und auf dem Trüffelhobel in hauchdünne Scheiben hobeln. Das Hähnchen unter fließendem kaltem Wasser innen und außen gründlich waschen und mit Küchenpapier trocken tupfen. Die Hähnchenhaut am Hals nach oben ziehen, die Finger vorsichtig zwischen Haut und Brustfleisch schieben und die Haut vom Fleisch lösen. Drei Viertel der Trüffelscheiben unter die Hähnchenhaut verteilen. Das Hähnchen innen mit Salz und Pfeffer würzen. Keulen und Flügel eventuell mit Küchengarn zusammenbinden.

2 In einem Topf 50 g Butter zerlassen und kräftig mit Salz und Pfeffer würzen. Das Hähnchen rundherum mit der Butter bestreichen. Mit der Brust nach oben auf den Rost setzen und in den Ofen (Mitte) schieben, ein Blech als Tropfschutz darunterschieben. Das Hähnchen in ca. 1 Std. knusprig braten, dabei öfter mit der gewürzten Butter bestreichen.

3 Etwa 25 Min. vor Ende der Garzeit die Pilze putzen und trocken abreiben, kleine Pilze ganz lassen, größere halbieren oder vierteln. Die Petersilie abbrausen und trocken schütteln, die Blätter abzupfen und fein hacken. Die restliche Butter in einer großen Pfanne zerlassen und die Pilze darin bei starker Hitze ca. 5 Min. braten. Mit dem Wein ablöschen und kurz einköcheln lassen. Die Petersilie unterrühren und die Pilze mit Steinpilzsalz und Pfeffer würzen.

4 Das getrüffelte Brathähnchen aus dem Ofen nehmen (Garprobe: Wenn man mit einem spitzen Messer in den Keulenansatz sticht, sollte der austretende Fleischsaft klar sein) und in vier Portionen teilen. Mit etwas Bratensaft beträufeln, die restlichen Trüffelscheiben darübergeben. Mit den Pilzen anrichten und knuspriges Baguette dazu servieren.

Hähnchen- und Putenbrust gehören zu den Lieblingsprodukten in unseren Küchen – wie gut, dass man sie auch mit Pilzen perfekt kombinieren kann. Ob mit Pfifferlingen in einer cremigen Sahnesauce oder kross gebraten mit Tomaten und Austernpilzen: Diese Gerichte gelingen ganz leicht und machen bei Familie und Gästen schwer was her!

Pfifferling-Puten-geschnetzeltes

Für 4 Personen:
1 Zwiebel | 400 g Pfifferlinge
600 g Putenbrustfilet | 1 EL Butter
Salz | Pfeffer | 100 ml trockener Weißwein
100 g Crème fraîche | 200 g Sahne
1–2 EL Kapern | 1 EL frisch gepresster Zitronensaft
1 EL gehackte Petersilie
Zubereitung: ca. 50 Min.
Pro Portion: ca. 460 kcal, 41 g EW, 30 g F, 4 g KH

1 Die Zwiebel schälen und fein würfeln. Die Pfifferlinge putzen, trocken abreiben und je nach Größe halbieren oder vierteln. Die Putenbrust waschen, trocken tupfen und in Streifen schneiden.

2 Die Butter in einer großen Pfanne zerlassen und die Putenstreifen darin unter Rühren ca. 5 Min. braten. Mit Salz und Pfeffer würzen und aus der Pfanne nehmen. Zwiebel und Pilze in die Pfanne geben und im verbliebenen Bratfett ca. 5 Min. anbraten.

3 Den Wein angießen und kurz einköcheln lassen. Sahne, Crème fraîche, Kapern und Zitronensaft hinzufügen und alles bei schwacher Hitze ca. 20 Min. köcheln lassen. In den letzten Min. das Putenfleisch dazugeben und in der Sauce ziehen lassen. Mit Salz und Pfeffer abschmecken und die Petersilie unterrühren. Das Putengeschnetzelte nach Belieben mit Reis oder Spätzle servieren.

Hähnchenbrust mit Austernpilzen

Für 4 Personen:
400 g Hähnchenbrustfilet
4 EL Speisestärke | 5 EL Sojasauce
1 Zwiebel | 3 Knoblauchzehen
1 milde Chilischote | 400 g Austernpilze
200 g Cocktailtomaten | 2 EL Öl
½ Bund Basilikum | Salz | Pfeffer | Zucker
Zubereitung: ca. 30 Min.
Pro Portion: ca. 230 kcal, 25 g EW, 7 g F, 13 g KH

1 Die Hähnchenbrust waschen, trocken tupfen und in Streifen schneiden. In einem tiefen Teller mit der Speisestärke und 4 EL Sojasauce mischen. Zwiebel und Knoblauch schälen und fein würfeln. Die Chilischote längs halbieren, entkernen, waschen und fein hacken. Die Austernpilze putzen und trocken abreiben, die Strünke abschneiden, die Köpfe in Streifen schneiden. Cocktailtomaten waschen und halbieren.

2 Das Öl in einer großen Pfanne oder im Wok erhitzen, Zwiebel und Knoblauch darin andünsten. Die Hähnchenstreifen hinzufügen und ca. 5 Min. mitbraten. Austernpilze, Cocktailtomaten und Chilischote dazugeben und weitere 5 Min. mitbraten.

3 Basilikum abbrausen und trocken schütteln, die Blätter abzupfen und fein hacken. Die Hähnchen-Pilz-Pfanne mit Salz, Pfeffer, Zucker und der restlichen Sojasauce abschmecken. Das Basilikum unterrühren.

Hühnerfrikassee mit Spargel, Erbsen und Morcheln

DER KLASSIKER DIESMAL ALS EDLES FRÜHLINGSGERICHT

Für 4 Personen:
1 Zwiebel
1 Bund Suppengemüse (Möhre, Petersilienwurzel, Lauch)
4 Hähnchenkeulen (à ca. 250 g)
1 EL Öl
5 Wacholderbeeren
2 Lorbeerblätter
3 Gewürznelken
1 TL schwarze Pfefferkörner
Salz
100 g Spitzmorcheln
400 g weißer Spargel
100 ml trockener Weißwein
3 EL Speisestärke
100 g TK-Erbsen
200 g Sahne
1 Bund Petersilie
3 EL frisch gepresster Zitronensaft
Pfeffer
frisch geriebene Muskatnuss
Zubereitung: ca. 1 ½ Std.
Garen: ca. 1 Std.
Pro Portion: ca. 590 kcal, 39 g EW, 40 g F, 14 g KH

1 Die Zwiebel schälen und vierteln. Das Suppengemüse putzen, waschen bzw. schälen und grob würfeln. Die Hähnchenkeulen waschen und mit Küchenpapier trocken tupfen. Das Öl in einer Pfanne erhitzen, die Keulen darin auf der Hautseite bei mittlerer Hitze 3–4 Min. anbraten. In einem großen Topf ca. 2 ½ l Wasser erhitzen und die Hähnchenkeulen hineinlegen. Zwiebel, Suppengemüse, angedrückte Wacholderbeeren, Lorbeer, Nelken, Pfefferkörner und 2–3 TL Salz dazugeben. Die Hähnchenkeulen zugedeckt bei schwacher Hitze in leicht siedendem Wasser in ca. 1 Std. gar ziehen lassen.

2 Die Keulen herausheben und einige Min. abkühlen lassen. Das Fleisch auslösen, ohne Haut in mundgerechte Stücke schneiden oder zerpflücken und beiseitestellen. Die Brühe durch ein feines Sieb in einen zweiten Topf gießen. 1 l Hühnerbrühe abmessen, den Rest anderweitig verwenden bzw. einfrieren.

3 Die Spitzmorcheln unter fließendem kaltem Wasser gründlich waschen, auf Küchenpapier abtropfen lassen und in Ringe schneiden. Den Spargel schälen und die holzigen Enden abschneiden. Die Spargelstangen in ca. 3 cm lange Stücke schneiden. Von der Hühnerbrühe nochmals ca. ¼ l abmessen und in einem Topf aufkochen. Die Spargelstücke darin zugedeckt in ca. 8 Min. bissfest garen. Den Spargel mit dem Schaumlöffel herausheben und den Sud wieder zurück zu der restlichen Hühnerbrühe geben.

4 Die Hühnerbrühe mit dem Wein aufkochen. Die Speisestärke in wenig kaltem Wasser anrühren, in die Brühe rühren und kurz köcheln lassen. Hähnchenfleisch, Spargel, Morcheln, Erbsen und Sahne dazugeben. Das Frikassee aufkochen und ca. 10 Min. köcheln lassen.

5 Die Petersilie abbrausen und trocken schütteln, die Blätter abzupfen und fein hacken. Das Hühnerfrikassee mit Zitronensaft, Salz, Pfeffer und 1 Prise Muskatnuss abschmecken und mit der Petersilie bestreuen. Dazu passt Reis.

Kaninchenrückenfilets mit Pfifferling-Bohnen-Gemüse

BODENSTÄNDIG, ABER MIT EINEM HAUCH RAFFINESSE

Für 4 Personen:
Für das Gemüse:
300 g Brechbohnen | Salz
300 g kleine Pfifferlinge
1 Schalotte
2 Zweige Bohnenkraut
100 g durchwachsener Räucherspeck
2 EL Butter
Pfeffer
Für das Fleisch:
1 Bund Thymian
4 Kaninchenrückenfilets (à ca. 150 g)
Pfeffer
8 Scheiben Parma- oder San-Daniele-Schinken
3 EL Olivenöl
100 ml trockener Sherry
2 EL Crème fraîche
Salz
Zubereitung: ca. 50 Min.
Pro Portion: ca. 635 kcal, 95 g EW, 45 g F, 8 g KH

1 Für das Gemüse die Brechbohnen putzen, waschen und in kochendem Salzwasser bissfest blanchieren. In ein Sieb abgießen, kalt abschrecken und abtropfen lassen. Die Pfifferlinge putzen und trocken abreiben. Die Schalotte schälen und fein würfeln. Das Bohnenkraut abbrausen und trocken schütteln, die Blätter abzupfen und fein hacken.

2 Den Speck in kleine Würfel schneiden. In einer Pfanne knusprig braten, herausnehmen und auf Küchenpapier abtropfen lassen. Die Butter in der heißen Pfanne zerlassen, die Pfifferlinge und die Schalotte darin anbraten. Die Bohnen dazugeben und kurz mitbraten. Den Speck untermischen, das Gemüse mit Salz, Pfeffer und Bohnenkraut würzen und warm halten.

3 Den Backofen auf 160 ° vorheizen. Für das Fleisch den Thymian waschen und trocken schütteln, die Blätter abzupfen, fein hacken und auf einen Teller geben. Die Kaninchenfilets mit Pfeffer würzen und in den Thymianblättchen wälzen. Jeweils 2 Schinkenscheiben leicht überlappend nebeneinanderlegen und die Filets damit umwickeln.

4 Das Olivenöl in einer großen Pfanne erhitzen und die Kaninchenfilets darin rundherum anbraten. In eine Auflaufform geben und im vorgeheizten Ofen (Mitte) in 4–5 Min. fertig garen. Das Fleisch zugedeckt ruhen lassen. Den Bratensatz mit dem Sherry ablöschen und leicht einköcheln lassen. Die Crème fraîche unterrühren. Die Sauce mit Salz und Pfeffer abschmecken.

5 Die Kaninchenfilets mit der Sauce und dem Pfifferling-Bohnen-Gemüse anrichten. Dazu passen kross gebratene Kartoffelwürfel, Kroketten oder knuspriges Baguette.

Wildgulasch mit Waldpilzen

DA WIRD IN DER KÜCHE ZUM HALALI GEBLASEN

Für 4 Personen:
2 Zwiebeln
50 g durchwachsener Räucherspeck
400 g gemischte Waldpilze (z. B. Pfifferlinge, Steinpilze, Maronen, Rotkappen)
2 EL Butterschmalz
800 g gemischtes Reh- und Hirschgulasch
Salz | Pfeffer
Waldpilzpulver (siehe Tipp)
1 EL Tomatenmark
150 ml trockener Rotwein
½ l Geflügelbrühe oder Wildfond
1 Lorbeerblatt
2 Gewürznelken
5 Wacholderbeeren
100 g Preiselbeeren (aus dem Glas)
2 EL Speisestärke
1 EL Crème fraîche
2 EL gehackte Petersilie
Zubereitung: ca. 1 Std.
Schmoren: ca. 1 Std.
Pro Portion: ca. 500 kcal, 50 g EW, 22 g F, 18 g KH

1 Die Zwiebeln schälen und ebenso wie den Speck in grobe Würfel schneiden. Die Pilze putzen und trocken abreiben. Kleine Pilze ganz lassen, größere halbieren oder vierteln.

2 Das Butterschmalz in einem großen Topf erhitzen, den Speck darin anbraten und herausnehmen. Das Fleisch im verbliebenen Bratfett anbraten und ebenfalls herausnehmen. Dann die Zwiebeln und die Pilze in den Topf geben und anbraten. Das Fleisch und den Speck wieder dazugeben. Mit Salz, Pfeffer und Waldpilzpulver würzen.

3 Das Tomatenmark hinzufügen und unter Rühren anrösten. Nach und nach mit dem Wein ablöschen und einkochen lassen. Die Brühe dazugießen und aufkochen. Lorbeerblatt, Nelken und angestoßene Wacholderbeeren hinzufügen, die Hälfte der Preiselbeeren unterrühren. Das Fleisch zugedeckt bei schwacher Hitze in ca. 1 Std. weich schmoren.

4 Die Speisestärke in wenig kaltem Wasser anrühren und zum Binden in das Gulasch rühren. Aufkochen und 2–3 Min. sämig einköcheln lassen. Mit Salz, Pfeffer und Waldpilzpulver abschmecken.

5 Das Wildgulasch mit der Crème fraîche und den restlichen Preiselbeeren anrichten und mit der Petersilie garnieren. Dazu passen Spätzle, Kroketten oder Semmelknödel und Rotkohl.

Tipp Ein wunderbares Pilzaroma bekommt das Gulasch, wenn man es mit selbst gemachtem Waldpilzpulver würzt: Dafür je 30 g getrocknete Steinpilze, Herbsttrompeten, Winterlinge, Pfifferlinge und Maronen im Blitzhacker zu feinem Pulver mahlen oder im Mörser fein zerstoßen. Wichtig ist, dass die Pilze absolut trocken sind und sofort zerbröseln – sonst sollte man sie im Backofen kurz nachtrocknen. Das Pilzpulver zum Aufbewahren in ein Schraubglas füllen.

Rehkeule mit Steinpilz-Gnocchi

EIN WAHRES FESTTAGSESSEN FÜR SCHLEMMER

Für 4 Personen:

Für die Rehkeule:
1 Zwiebel
1 kleine Möhre
120 g Knollensellerie
1,2 kg ausgelöste Rehkeule
Salz | Pfeffer
2 EL Öl
2 EL Tomatenmark
300 ml trockener Rotwein
½ l Wildfond
1 Lorbeerblatt
½ TL Wacholderbeeren
1 TL Pimentkörner
10 g getrocknete Steinpilze
1 TL Speisestärke
2 EL kalte Butter

Für die Gnocchi:
500 g vorwiegend festkochende Kartoffeln
250 g Mehl
1 Ei (M)
1 TL Salz
3 TL Steinpilzpulver (siehe Seite 13)
300 g Steinpilze
1 Knoblauchzehe
1 Bund Mangoldblätter
3 EL Butter
Pfeffer
1 Spritzer Zitronensaft

Zubereitung: ca. 1 ½ Std.
Schmoren: 2 Std.
Pro Portion: ca. 895 kcal, 88 g EW, 25 g F, 66 g KH

1 Für die Rehkeule Zwiebel, Möhre und Sellerie schälen und grob würfeln. Das Fleisch mit Salz und Pfeffer würzen und mit Küchengarn in Form binden. Das Öl in einem großen Topf erhitzen, das Fleisch darin rundherum anbraten und wieder herausnehmen. Zwiebel, Möhre und Sellerie in den Topf geben und anbraten. Das Tomatenmark hinzufügen und unter Rühren anrösten. Nach und nach mit dem Wein ablöschen und sirupartig einkochen lassen. Das Fleisch in den Topf geben, den Fond angießen und aufkochen. Lorbeerblatt, Wacholderbeeren, Piment und getrocknete Steinpilze hinzufügen und das Fleisch zugedeckt bei schwacher Hitze in ca. 2 Std. weich schmoren.

2 Für die Gnocchi die Kartoffeln waschen, mit Schale in ca. 20 Min. weich garen und abgießen. Noch heiß pellen und durch die Kartoffelpresse drücken. Die Kartoffelmasse lauwarm abkühlen lassen. Mehl, Ei, Salz und Steinpilzpulver hinzufügen und unterkneten. Den Kartoffelteig zu fingerdicken Rollen formen und diese in ca. 1 cm lange Stücke schneiden. Nach Belieben mit einer Gabel Rillen in die Gnocchi drücken. Die Gnocchi in siedendem Salzwasser in ca. 5 Min. gar ziehen lassen, bis sie an der Oberfläche schwimmen. Herausheben und abtropfen lassen.

3 Die Steinpilze putzen, trocken abreiben und in Stücke oder Scheiben schneiden. Den Knoblauch schälen und fein würfeln. Den Mangold waschen und die Blätter vom Stiel schneiden. Die Mangoldblätter in Streifen schneiden. Die Hälfte der Butter in einer großen Pfanne zerlassen, Pilze und Knoblauch darin anbraten. Die Mangoldblätter dazugeben und mitbraten. Mit Salz, Pfeffer und Zitronensaft abschmecken und aus der Pfanne nehmen. Die restliche Butter in der Pfanne zerlassen und die Gnocchi darin schwenken. Mit den Steinpilzen mischen und warm halten.

4 Die gegarte Rehkeule aus dem Topf nehmen und warm halten. Die Sauce durch ein Sieb in einen Topf streichen und aufkochen. Die Speisestärke in wenig kaltem Wasser glatt rühren und zum Binden in die Sauce rühren. Die Sauce einige Min. einköcheln lassen. Die kalte Butter mit dem Schneebesen unterrühren und die Sauce mit Salz und Pfeffer würzen. Das Küchengarn entfernen und die Rehkeule in Scheiben schneiden. Mit den Steinpilz-Gnocchi und der Sauce anrichten.

Rezeptregister

T

W

Impressum

DIE AUTORIN

Renate Zollner, seit Jahrzehnten Standl-Frau auf dem Viktualienmarkt, ist Pilzexpertin par excellence. Wohnhaft in der Oberpfalz geht sie von Kindesbeinen an in den Wald zum Pilzesammeln. Aus Passion wurde Profession: Heute betreibt sie eine der berühmtesten und bekanntesten Pilzhandlung im süddeutschen Raum. Auch prominente Köche wie Alfons Schuhbeck oder Hans Haas ordern bei ihr. Für dieses Buch stellt sie bekannte klassische Pilzgerichte sowie Neukreationen zur Verfügung.

DER FOTOGRAF

Klaus-Maria Einwanger setzt in seiner Foodartfactory mit Leidenschaft Essen in Kunst um. Seine atmosphärisch dichten Bilder machen Lust auf mehr und zeichnen sich besonders durch die liebevollen Details und das stimmungsvolle Licht aus. Ort des Wirkens sind seine Studios in Rosenheim und London. Bei diesem Buch wurde er von Monika Schuster, Anka Köhler und Sven Dittmann im Food-Styling unterstützt. Rund um Ausstattung und Styling bewies Alexandra Holzer ihr Können und ihren Geschmack. Als Assistent war Michael Fuhr im Einsatz, die Bildbearbeitung lag bei Christian Kempf.

BILDNACHWEIS

Alle Bilder stammen von Klaus-Maria Einwanger, Rosenheim

TITELBILDREZEPT

Die »Tagiatelle mit Steinpilzen« finden Sie auf S. 72

Projektleitung: Stephanie Wenzel
Lektorat: Kathrin Ullerich
Korrektorat: Mischa Gallé
Layout, Typografie und Umschlaggestaltung: independent Medien-Design, Horst Moser, München
Satz: Maren Gehrmann, Germering
Herstellung: Renate Hutt
Reproduktion: Longo AG, Bozen
Druck und Bindung: Printer, Trento

Syndication:
www.jalag-syndication.de

ISBN 978-3-8338-2263-6
1. Auflage 2011

GRÄFE UND UNZER

Ein Unternehmen der
GANSKE VERLAGSGRUPPE